O QUE AS

PALAVRAS DA CRUZ

SIGNIFICAM PARA NÓS

WARREN W. WIERSBE

O QUE AS

PALAVRAS DA CRUZ

SIGNIFICAM PARA NÓS

Tradução de
Neyd Siqueira

CPAD

Título do original em inglês: *The Cross of Jesus*
Primeira edição em inglês: 1997
Baker Books House Company, Grand Rapids, MI
Tradução: Neyd Siqueira

Preparação de originais: Kleber Cruz
Revisão: Jefferson Magno
Capa, projeto gráfico e editoração: Rafael Paixão

CDD: 240-Moral Cristã e Teologia Devocional
ISBN: 85-263-0328-7

Para maiores informações sobre livros, revistas, periódicos e os últimos lançamentos da CPAD, visite nosso site: http://www.cpad.com.br

Todos as citações das Escrituras foram extraídas da tradução João Ferreira de Almeida, revista e atualizada no Brasil, salvo quando outra fonte for indicada.

Casa Publicadora das Assembléias de Deus
Caixa Postal 331
20001-970, Rio de Janeiro, RJ, Brasil

1ª edição/2001

Sumário

PREFÁCIO

Este livro se concentra em Jesus e na cruz, abrangendo quatro tópicos principais:

O que Jesus viu na cruz (capítulo 1)

Por que Jesus morreu na cruz (capítulos 2-4)

O que Jesus viu da cruz (capítulos 5-11)

Como os crentes devem viver pela cruz (capítulo 12)

Os capítulos 5 a 11 foram originalmente apresentados como mensagens no programa "Volta à Bíblia" e publicados pela *The Good News Broadcasting Association*, de Lincoln, Nebraska. Reescrevi as mensagens e as expandi para este volume. Porém, preservei seu estilo informal, assim como a ênfase evangelística.

Os capítulos restantes forma escritos especialmente para este livro.

Na noite de domingo, 19 de fevereiro de 1882, Charles Haddon Spurgeon iniciou seu sermão com estas palavras: "Qualquer que seja o assunto para o qual eu possa ser chamado a pregar, não ouso fugir à obrigação de reportar-me continuamente à doutrina da cruz — a verdade fundamental da justificação pela fé em Jesus Cristo".

A não ser que voltemos à cruz, não podemos avançar em nossa vida cristã. Confio que estes estudos simples irão ajudar você a entender melhor a aplicação prática da morte de Cristo para a sua vida e serviço hoje.

Warren W. Wiersbe

PRIMEIRA PARTE

O QUE JESUS VIU NA CRUZ

1

Quando Jesus olhou para a cruz

"Deus teve o propósito de enviar Jesus para a cruz desde o início?" perguntou o popular pregador inglês, Dr. Leslie Weatherhead (1893-1976). "Penso que a resposta a essa pergunta deve ser 'Não'. Não acho que Jesus pensasse isso no início do seu ministério. Ele veio com a intenção de que os homens o seguissem e não que o matassem".[1]

As Escrituras, porém, tornam claro que a cruz de Cristo não foi uma reflexão tardia nem um acidente humano, pois Jesus era "o Cordeiro que foi morto desde a fundação do mundo" (Ap 13.8).[2] Em sua mensagem no dia de Pentecostes, Pedro afirmou esta verdade quando disse que Jesus fora "entregue pelo determinado desígnio e presciência de Deus" (At 2.23). Pedro se achava presente quando tudo aconteceu; ele sabia que o Calvário não foi uma surpresa para Jesus. Anos mais tarde, quando escreveu a sua primeira epístola, Pedro chamou Jesus de Cordeiro que foi "conhecido, com efeito, antes da fundação do mundo" (1 Pe 1.20). Pode alguma coisa ser mais clara que isso?

Paulo concordou com Pedro em que a cruz estava na mente e no coração de Deus desde o início. Afinal de contas, se Deus prometeu a vida eterna "antes dos tempos eternos" (Tt 1.2), e se ele "nos escolheu nele [Cristo] antes da fundação do mundo" (Ef 1.4), e escreveu nossos nomes no Livro da Vida (Ap 17.8), então o grande plano da salvação pertence aos conselhos divinos da eternidade.

Quando Jesus veio a esta terra, Ele sabia que tinha vindo para morrer; vamos ouvir então as palavras do próprio Mestre, explicando as Escrituras aos dois discípulos desanimados na estrada de Emaús. "Porventura, não convinha que o Cristo padecesse e entrasse na sua glória?" (Lc 24.26). A cruz foi uma determinação divina e não um acidente humano. Ela foi uma tarefa dada por Deus e não uma opção humana. Mais tarde, naquele mesma noite, Jesus apareceu aos onze apóstolos e disse: "Assim está escrito que o Cristo havia de padecer e ressuscitar dentre os mortos no terceiro dia" (Lc 24.46). Jesus não foi assassinado; Ele entregou voluntariamente a sua vida pelas suas ovelhas (Jo 10.15-18). A sua morte era uma necessidade no plano eterno de Deus.

I

O sacrifício expiatório do Messias foi ensinado nas profecias e símbolos do Antigo Testamento, e Jesus compreendia perfeitamente as Escrituras judias. Todo o sistema sacrificial mosaico e o sacerdócio que o mantinha eram símbolos e sombras das Boas Novas vindouras. Jesus tinha conhecimento de que os demais judeus sabiam que o núcleo desse sistema era Levítico 17.11: "Porque a vida da carne está no sangue. Eu vo-lo tenho dado sobre o altar, para fazer expiação pela vossa alma, porquanto é o sangue que fará expiação em virtude da vida".

Ao "anunciar o seu nascimento", Jesus declarou que a sua encarnação lhe deu um corpo que Ele ofereceria como sacrifício pelos pecados do mundo.

Portanto, quando veio ao mundo, Ele disse:

"Por isso, ao entrar no mundo, diz: Sacrifício e oferta não quiseste; antes, corpo me formaste; não te deleitaste com holocaustos e ofertas pelo pecado. Então, eu disse: Eis aqui estou (no rolo do livro está escrito a meu respeito), para fazer, ó Deus, a tua vontade" (Hb 10.5-7).

Jesus se entregaria como oferta queimada, em submissão total a Deus, assim como oferta pelo pecado para pagar o preço das nossas ofensas contra Deus. "Sacrifício" refere-se a qualquer das ofertas de animais, e incluía a oferta pelas transgressões e a oferta pacífica (veja Lv 1-7), enquanto a palavra "oferta" se refere às ofertas de alimento e bebida. Com a sua morte na cruz, Jesus satisfez todo o sistema sacrificial e o cancelou para sempre. Com uma só oferta, Ele fez o que milhares de animais sobre os altares judeus jamais poderiam fazer, "porque é impossível que o sangue de touros e de bodes remova pecados" (Hb 10.4).

A morte sacrificial de Cristo foi primeiro anunciada publicamente por João Batista quando ele viu Jesus se aproximando do rio Jordão: "Eis o Cordeiro de Deus, que tira o pecado do mundo!" (Jo 1.29,36).

João estava respondendo à pergunta de Isaque: "Onde está o cordeiro para o holocausto?" (Gn 22.7) e anunciando o cumprimento da promessa de Abraão: "Deus proverá para si, meu filho, o cordeiro para o holocausto" (Gn 22.8).

João descreveu a sua morte sacrificial quando batizou Jesus no rio Jordão (Mt 3.13-17; Mc 1.9-11; Lc 3.21-23; Jo 1.19-34), embora só Jesus entendesse isso naquela hora. João sabia que Jesus não era um pecador necessitado de arrependimento; portanto, hesitou em batizá-lo; mas Jesus sabia que o seu batismo era da vontade do Pai. "Deixa por enquanto", disse Ele a João, "porque, assim [desta maneira], nos convém cumprir toda a justiça" (Mt 3.15).

Lemos essas palavras sem dar-lhes muita atenção, mas elas sugerem perguntas difíceis. A quem o pronome "nós" se refere? Ele inclui João? Caso positivo, temos um problema para explicar como um homem pecador poderia ajudar um Deus santo a "cumprir toda a justiça". Uma solução é esquecer-nos de João e notar que a Divindade inteira estava envolvida neste evento importante. Deus Pai falou do céu; Deus Filho entrou na água; e Deus, o Espírito Santo, desceu sobre Jesus como uma pomba. Isto não sugere que o "nós" se refere à Trindade — Pai, Filho e Espírito Santo? Não é Deus que cumpre toda a justiça ao dar seu Filho como um sacrifício pelos pecados do mundo?

A *New American Standard Bible* traduz Mateus 3.15: "Convém que assim façamos, para cumprir toda a justiça". De que forma? Da maneira ilustrada pelo seu batismo: morte, sepultamento e ressurreição. De fato, Jesus usou o batismo como uma figura da sua paixão: "Tenho, porém, um batismo com o qual hei de ser batizado; e quanto me angustio até que o mesmo se realize!" (Lc 12.50). Ele também se identificou com a experiência de Jonas (Mt 12.38-40; Lc 11.30), e vemos novamente a imagem da morte, sepultamento e ressurreição.

II

O cordeiro sacrificial é a primeira de várias ilustrações nítidas da morte de Cristo encontradas no Evangelho de João. A segunda é o templo destruído: "Destruí este santuário, e em três dias o reconstruirei" (Jo 2.19). Esta declaração, como tantos outros pronunciamentos metafóricos do Senhor, foi mal compreendida por aqueles que a ouviram. Eles não entenderam que Ele estava se referindo "ao santuário do seu corpo" (Jo 2.21). No julgamento do Senhor, algumas das testemunhas citaram esta declaração como prova de que Jesus era um inimigo da lei judaica (Mt 26.59-61; Mc 14.57-59), mas este testemunho absurdo não resolveu nada.

O corpo que Deus preparara para seu Filho era o templo de Deus, porque o Verbo eterno se tornara carne e "habitou entre nós" (Jo 1.14). "Porque aprouve a Deus que, nele, residisse toda a plenitude" (Cl 1.19). "Porquanto, nele, habita, corporalmente, toda a plenitude da Divindade" (Cl 2.9). Todavia, as mãos ímpias de homens perversos tocaram esse templo santo e fizeram com Ele o que quiseram.

Pensavam que podiam destruir o Príncipe da Vida, mas suas tentativas foram inúteis.

Ao contemplar os sofrimentos de Jesus e as coisas terríveis que homens perversos fizeram ao templo do seu corpo, ficamos espantados com a pecaminosidade do homem em contraste com a misericórdia de Deus. No espaço de poucas horas, os soldados o prenderam, amarraram, levaram (ou arrastaram) de um lugar para outro, bateram nEle, cuspiram nEle, humilharam-no, fizeram com que usasse uma coroa dolorosa de espinhos, e depois o pregaram numa cruz. Tudo isto foi feito a um homem absolutamente inocente! Em toda a história da humanidade, nunca houve tamanho erro judicial.

Eles tentaram destruir este templo, mas fracassaram. Deus cumpriu a promessa de Salmos 16.10, citada por Pedro em seu sermão pentecostal: "Pois não deixarás a minha alma na morte, nem permitirás que o teu Santo veja corrupção" (veja At 2.25-28). Jesus levantou-se triunfante dentre os mortos no terceiro dia e o sinal de Jonas para Israel se completou.

A terceira figura de João sobre a crucificação é a serpente levantada. Jesus disse a Nicodemos: "E do modo por que Moisés levantou a serpente no deserto, assim importa que o Filho do Homem seja levantado, para que todo o que nele crê tenha a vida eterna" (Jo 3.14-15). Nicodemos conhecia a história registrada em Números 21.5-9, mas ele deve ter-se espantado ao ouvir que o Messias prometido teria de suportar uma morte assim ignóbil. O rei Davi se comparou a um verme (Sl 22.6); mas, como o mestre enviado por Deus, que operava milagres, poderia comparar-se a uma vil serpente? Isso era inconcebível!

O fato de o Messias ser também "levantado" numa cruz deixava igualmente perplexo o povo comum que aprendera que o seu prometido Redentor iria "permanecer para sempre" (Jo 12.32-34). Ser pendurado num madeiro era a suprema humilhação; era o mesmo que ser amaldiçoado: "O que for pendurado no madeiro é maldito de Deus" (Dt 21.22,23). Na cruz, porém, Jesus foi feito maldição em nosso lugar e assim nos resgatou da maldição da lei (Gl 3.13).

III

Quando consideradas em separado, as imagens do cordeiro, do templo e da serpente poderiam dar-nos a falsa impressão de que na sua morte, Jesus foi uma vítima e não um vencedor. Esta interpretação errônea é equilibrada pela quarta imagem, a do Bom Pastor (Jo 10.11-18) que entregou voluntariamente a sua vida pelas ovelhas. Nosso Senhor não foi assassinado contra a sua vontade, Ele deliberadamente se entregou para morrer por nós. "Por isso, o Pai me ama, porque eu dou a minha vida para a reassumir. Ninguém a tira de mim; pelo contrário, eu espontaneamente a dou. Tenho autoridade para a entregar e também para reavê-la. Este mandato recebi de meu Pai" (Jo10.17-18).

Se você estivesse de carro na estrada e visse uma ovelha, teria pena do tolo animal e tentaria evitar atropelá-lo. Mas, se ao salvar o animal você soubesse que provocaria um acidente e causaria a morte de um ser humano, certamente optaria por salvar a este e sacrificar o animal. Até mesmo Jesus admitiu que os humanos têm mais valor que os animais (Mt 12.11). Jesus, o Bom Pastor, estava, entretanto, disposto a dar sua vida por pecadores que mereciam a morte. "Eu sou o bom pastor. O bom pastor dá a vida pelas ovelhas" (Jo 10.11).

Na vigência do Antigo Testamento, as ovelhas morriam pelo pastor, mas faziam isso por ignorância e de má vontade. É duvidoso que qualquer ovelha tivesse alguma vez se apresentado para que lhe cortassem a garganta, esquartejassem o corpo e depois a queimassem sobre o altar. A mensagem do Evangelho, porém, declara que Jesus, o Bom Pastor, morreu voluntariamente pelas ovelhas perdidas do mundo e agiu assim com pleno conhecimento de tudo que estava envolvido nessa atitude. Ele não morreu como mártir, mas, sim, como criminoso numa vergonhosa cruz romana. "Com malfeitores foi contado" (Is 53.12; Mc 15.28).

A quinta ilustração da sua morte é a semente enterrada no solo para produzir fruto (Jo 12.20-28). A ênfase está na disposição de Cristo para dar a sua vida, a fim de que o Pai fosse glorificado. "Respondeu-lhes Jesus: É chegada a hora de ser glorificado o Filho do Homem. Em verdade, em verdade vos digo: se o grão de trigo, caindo na terra, não morrer, fica ele só; mas, se morrer, produz muito fruto" (Jo 12.23,24).

A morte e o sepultamento do Senhor pareceram a derrota de Deus e a vitória do inimigo, mas o oposto é que é verdade. Sua aparente derrota foi realmente a maior vitória que Jesus já teve, um triunfo bem maior do que curar doentes ou expulsar demônios. O corpo do Senhor era como uma semente morta quando Nicodemos e José de Arimatéia o colocaram no túmulo, mas no terceiro dia Ele foi ressuscitado em poder e glória. A pregação do seu Evangelho está hoje produzindo fruto em todo o mundo (Cl 1.5,6).

Estas são então cinco figuras da morte do Senhor na cruz, cada uma enfatizando uma verdade específica. Na forma do cordeiro no altar, Jesus morreu como um substituto para nós, que merecíamos a morte. Os sacerdotes judeus tinham o maior cuidado em que o animal sacrificado sofresse o mínimo possível, mas o corpo de Jesus foi tratado como um prédio em demolição. A morte dEle foi vicária, cruel e vil, pois como uma serpente levantada, Ele se tornou maldição. Sua morte, porém, foi voluntária, o Pastor morrendo prontamente pelas ovelhas, a semente sendo deliberadamente plantada no solo e produzindo nova vida.

Neste ponto, tudo que podemos fazer é adorar.

> Amor surpreendente! Como posso imaginar
> Que tu, meu Deus, viesses a morrer por mim?
>
> (Charles Wesley)

IV

O Senhor não falou abertamente aos discípulos sobre a cruz até que Pedro tivesse confessado sua fé em Cesaréia de Filipe (Mt 16.13-20). "Desde esse tempo, começou Jesus Cristo a mostrar a seus discípulos que lhe era necessário seguir para Jerusalém e sofrer muitas coisas dos anciãos, dos principais sacerdotes e dos escribas, ser morto e ressuscitado no terceiro dia" (Mt 16.21). Esta declaração os deixou atônitos e Pedro opôs-se violentamente à idéia. Mas Jesus repreendeu-o e disse a ele e aos outros apóstolos que se quisessem ser seus verdadeiros discípulos, teriam de negar a si mesmos, tomar a sua cruz e segui-lo (Mt 16.22-28). Havia uma cruz no futuro de Pedro assim como no futuro do Senhor.

A partir dessa ocasião, Jesus "manifestou, no semblante, a intrépida resolução de ir para Jerusalém" (Lc 9.51; veja também 13.22,33), sabendo perfeitamente qual a recepção que teria ali. De tempos em tempos, Ele lembrou os doze do que lhe aconteceria na Cidade Santa, mas eles não conseguiam compreender o sentido das suas palavras (Mc 9.9,10,30-32; 10.32-34). Os inimigos dEle entenderam a parábola sobre os lavradores maus (Mt 21.33-46), mas os discípulos não pareceram captar absolutamente o ponto. Pedro estava tão cego ao plano de Deus que tentou defender Jesus quando os soldados o prenderam no Jardim (Mt 26.51-54). Embora admiremos a coragem de Pedro e sua devoção generosa ao Mestre, lamentamos sua desobediência à luz de tudo que Jesus ensinara a ele e aos outros sobre os propósitos de Deus.

Todavia, não vamos lançar apressadamente a primeira pedra. Afinal de contas, é muito mais fácil para nós compreender o significado da morte do Senhor, desde que vivamos do lado da ressurreição no que diz respeito ao Calvário e temos a Bíblia completa. As sombras desaparecem quando olhamos para o Calvário através do túmulo vazio. Entretanto, quando se trata da cruz de Jesus Cristo, há ainda muito mais para aprendermos e colocarmos em prática na vida diária.

Isto pelo menos é certo: a visão que o Senhor tinha da cruz era muito diferente daquela dos discípulos. Eles a viam como um fracasso, mas Ele a considerava uma vitória. Para eles, ela significava vergonha; para Jesus, significava glória. Para o povo da época, a cruz era um símbolo de fraqueza, mas Jesus a transformou em símbolo de poder. Paulo compreendeu isto e escreveu com a sua própria mão:

"Mas longe esteja de mim gloriar-me, senão na cruz de nosso Senhor Jesus Cristo, pela qual o mundo está crucificado para mim, e eu, para o mundo" (Gl 6.14).

SEGUNDA PARTE

POR QUE JESUS MORREU NA CRUZ

2

Ele morreu para que pudéssemos viver por meio dEle

"Nisto se manifestou o amor de Deus em nós: em haver Deus enviado o seu Filho unigênito ao mundo, para vivermos por meio dele. Nisto consiste o amor: não em que nós tenhamos amado a Deus, mas em que ele nos amou e enviou o seu Filho como propiciação pelos nossos pecados" (1 Jo 4.9,10).

O problema fundamental que os pecadores perdidos enfrentam não é o de estarem doentes e precisarem de um remédio. Mas, sim, que estão "mortos em seus delitos e pecados" (Ef 2.1) e precisam experimentar a ressurreição. A religião e os arranjos podem embelezar o cadáver e torná-lo mais apresentável, porém jamais poderão dar-lhe vida. Só Deus tem esse poder. "Mas Deus, sendo rico em misericórdia, por causa do grande amor com que nos amou, e estando nós mortos em nossos delitos, nos deu vida juntamente com Cristo, — pela graça sois salvos" (Ef 2.4,5). O Senhor sem dúvida levantou muita gente dentre os mortos (Mt 11.5), mas nos registros do Evangelho, só a ressurreição de três pessoas é descrita: a filha de Jairo (Lc 8.40-56), o filho da viúva de Naim (Lc 7.11-17), e Lázaro, um amigo especial de Jesus (Jo 11). Ao estudar esses três relatos sobre a ressurreição, você aprenderá algumas verdades básicas a respeito da ressurreição espiritual que traz salvação e nova vida aos que crêem em Jesus Cristo.

I

A filha de Jairo só tinha doze anos quando morreu. O filho da viúva era "jovem", talvez no fim da adolescência ou início da casa dos vinte anos, mas morreu. Temos a impressão de que Lázaro era um homem mais velho, mas ele também morreu. Se essas três pessoas nos ensinam algo é que a morte não respeita a idade e, sendo a morte uma figura do pecado, essas três pessoas nos ensinam que o pecado matou toda a raça humana. As crianças pecam, os jovens pecam e os adultos pecam. "Pois todos pecaram e carecem da glória de Deus" (Rm 3.23).

Note que o elemento tempo se acha envolvido. Quando Jesus chegou à casa de Jairo, a menina acabara de morrer. O jovem na procissão fúnebre de Naim estava morto há pelo menos um dia, pois os judeus geralmente faziam os enterros 24 horas depois da morte do indivíduo. Lázaro estava no túmulo há quatro dias quando Jesus chegou a Betânia (Jo 11.39). Pergunta: Qual dessas pessoas estava mais morta? Você sorri dessa pergunta e tem razão; não existem graus de morte. Porém, existem graus de decomposição. A filha de Jairo não estava nada decomposta; de fato, parecia apenas adormecida. A decomposição estava se iniciando no corpo do jovem de Naim. Quanto a Lázaro, Marta advertiu que após quatro dias no túmulo, seu irmão cheirava mal! Embora todos os pecadores perdidos, quer jovens ou velhos, estejam espiritualmente mortos, nem todos se encontram no mesmo estado de decomposição. Alguns pecadores são filhos pródigos que cheiram a chiqueiro, enquanto outros são fariseus, respeitavelmente limpos por fora, mas cheios de corrupção por dentro (Mt 23.25-28).

Quando servi como pastor-sênior na Moody Church, em Chicago, descobri rapidamente que o santuário da igreja se achava numa localização única, num triângulo onde duas ruas importantes se cruzavam. Se saísse do prédio pela rua LaSalle e fosse para o lado oeste, logo estaria na "Cidade Velha", uma vizinhança ocupada (naquela época) por adolescentes fugidos de casa, pessoas procurando livrarias para "adultos", bêbados, traficantes, e "vadios" de todos os tipos. Todavia, se saísse pela rua Clark e fosse para leste, me acharia na zona chamada de "Costa do Ouro", em Chicago, um bairro bem diferente da "Cidade Velha". A maioria das pessoas da "Costa do Ouro" era culta e bem vestida, dirigindo automóveis de luxo.

Quando o tempo estava bom, as senhoras da sociedade passeavam pelas calçadas com seus cãezinhos e, nos dias mais frios, os cães usavam agasalhos de lã. O ponto que quero salientar é este: Quer vivesse na "Cidade Velha" com sua pobreza moral e material, ou na "Costa do Ouro" com sua cultura e prosperidade, se não tivesse fé em Jesus, você estaria espiritualmente morto. A única diferença entre os pecadores da "Cidade Velha" e os da "Costa do Ouro" era a extensão da decomposição. Podíamos sentir a corrupção na "Cidade Velha"; mas na "Costa do Ouro" o cheiro da decadência elevava-se embelezado e envolto em perfume caro.[1] "O salário do pecado é a morte" (Rm 6.23), e não há graus de morte, só graus de decomposição. O pecador perdido que diz: "Não sou tão mau quanto outras pessoas", não está captando a mensagem. A questão não é decadência, é morte.

II

O que o indivíduo morto precisa mais é vida e essa vida só pode vir de Jesus Cristo. A vida espiritual é um dom, da mesma forma que a vida física. Você e eu podemos *cultivar* a vida física, mas não podemos *dar* vida a um morto. Só Deus tem esse poder. "Porque assim como o Pai tem vida em si mesmo, também concedeu ao Filho ter vida em si mesmo" (Jo 5.26).

Como Jesus concede este dom da vida? Mediante a sua Palavra. "Em verdade, em verdade vos digo: quem ouve a minha palavra e crê naquele que me enviou tem a vida eterna, não entra em juízo, mas passou da morte para a vida" (Jo 5.24).

Em cada uma das narrativas de ressurreição que estamos examinando, Jesus falou com a pessoa morta: "Jovem, eu te mando: Levanta-te!" (Lc 7.14); "Menina, levanta-te!" (Lc 8.54); "Lázaro, vem para fora!" (Jo 11.43). Em cada caso, a Palavra viva, dita com autoridade divina, deu vida ao morto. A Palavra de Deus possui vida. "Porque a Palavra de Deus é viva, e eficaz..." (Hb 4.12). Os que receberam a Palavra pela fé nasceram de novo, "não de semente corruptível, mas de incorruptível, mediante a palavra de Deus, a qual vive e é permanente" (1 Pe 1.23). Mesmo que estejam mortos em suas transgressões e pecados, os pecadores perdidos podem ouvir a voz do Filho de Deus, quando o Espírito de Deus usa a Palavra para declarar a sua necessidade e a graça de Deus que satisfaz essa necessidade. "E, assim, a fé vem pela pregação, e a pregação, pela palavra de Cristo" (Rm 10.17).

III

Devemos notar que cada uma dessas três pessoas que Jesus levantou dentre os mortos deu evidência confiável diante de outros de que estava realmente viva. O milagre teve lugar diante de testemunhas que ficaram surpresas com o feito de Jesus. Quando a vida voltou à filha de Jairo, a menina levantou-se da cama, andou e alimentou-se (Mt 5.42,43; Lc 8.55). Se a ressurreição dos mortos é uma ilustração da ressurreição espiritual dos pecadores mortos, então todos os que têm fé em Cristo devem dar evidência da sua nova vida pelo seu andar e apetite. O comportamento do cristão — andar diário — é diferente por causa da nova vida em seu íntimo. "Fomos, pois, sepultados com ele na morte pelo batismo; para que, como Cristo foi ressuscitado dentre os mortos pela glória do Pai, assim também andemos nós em novidade de vida" (Rm 6.4). "Portanto, se fostes ressuscitados juntamente com Cristo, buscai as coisas lá do alto, onde Cristo vive, assentado à direita de Deus. Pensai nas coisas lá do alto, não nas que são aqui da terra" (Cl 3.1,2; veja também Ef 4.17-24). Junto com a nova natureza (2 Pe 1.3,4), o filho de Deus recebe um novo apetite pelas coisas de Deus. Como crianças recém-nascidas, desejamos o alimento da Palavra de Deus (1 Pe 2.2,3), e não aceitamos substitutos. Reconhecemos a voz do Bom Pastor, a voz que nos levantou dentre os mortos, e não seguiremos falsificações (Jo 10.4,5,27-30). Só o Bom Pastor pode levar-nos aos pastos verdes da sua Palavra e alimentar-nos com a verdade que nos satisfaz interiormente. "Achadas as tuas palavras, logo as comi; as tuas palavras me foram gozo e alegria para o coração, pois pelo teu nome sou chamado, ó Senhor, Deus dos Exércitos" (Jr 15.16).

O jovem deu evidência de que estava vivo, sentando-se e falando (Lc 7.15). Se houver nova vida em nós, ela será, certamente, revelada pelo que dizemos e a forma como dizemos. Se o coração tiver sido transformado pela fé em Cristo, o modo de falar deve também modificar-se: "Porque a boca fala do que está cheio o coração" (Mt 12.34). De um lado, a nova vida irá revelar-se ao falarmos a verdade em lugar de mentiras. "Por isso, deixando a mentira, fale cada um a verdade com o seu próximo, porque somos membros uns dos outros" (Ef 4.25). Essa é a advertência positiva; a negativa se acha em Colossenses 3.9: "Não mintais uns aos outros, uma vez que vos despistes do velho homem com os seus feitos". Nada mais de enganos! Nosso falar deve ser também gracioso, puro, bondoso e cheio de amor. "Agora, porém, despojai-vos, igualmente, de tudo isto: ira, indignação, maldade, maledicência, linguagem obscena do vosso falar" (Cl 3.8).

"A vossa palavra seja sempre agradável, temperada com sal, para saberdes como deveis responder a cada um" (Cl 4.6). "Longe de vós, toda amargura, e cólera, e ira, e gritaria, e blasfêmias, e bem assim toda malícia" (Ef 4.31). "Lembra-lhes... não difamem a ninguém; nem sejam altercadores, mas cordatos, dando provas de toda cortesia, para com todos os homens" (Tt 3.1,2). Nada de abusos verbais! Nosso novo vocabulário deve dar glória ao Senhor Jesus Cristo. É provável que o jovem não tivesse mais deixado de falar sobre Jesus e o que Ele fizera a seu favor. "Vinde, ouvi, todos vós que temeis a Deus, e vos contarei o que tem ele feito por minha alma" (Sl 66.16). "Pois nós não podemos deixar de falar das coisas que vimos e ouvimos" (At 4.20). As conversas não serão mais egocêntricas!

Lázaro deu provas de que estava vivo saindo pela porta do túmulo, embora tivesse as mãos e os pés amarrados. Jesus ordenou a seguir que lhe desatassem a mortalha (Jo 11.44). Por que um ser humano aceitaria ser atado como um cadáver e cheirar como um cadáver? O apóstolo Paulo pode ter pensado em Lázaro quando disse aos crentes de Éfeso: "No sentido de que, quanto ao trato passado, vos despojeis do velho homem, que se corrompe segundo as concupiscências do engano, e vos renoveis no espírito do vosso entendimento, e vos revistais do novo homem, criado segundo Deus, em justiça e retidão procedentes da verdade" (Ef 4.22-24). As pessoas ressuscitadas mediante a fé em Jesus desejarão despojar-se das mortalhas e colocar as "vestes da graça" que identificam o verdadeiro filho de Deus. "Não mintais uns aos outros, uma vez que vos despistes do velho homem com os seus feitos e vos revestistes do novo homem que se refaz para o pleno conhecimento, segundo a imagem daquele que o criou... Revesti-vos, pois, como eleitos de Deus, santos e amados, de ternos afetos de misericórdia, de bondade, de humildade, de mansidão, de longanimidade" (Cl 3.9,10,12). Não se pode evitar o fato de que a vida eterna deve revelar-se por meio da vida dos que foram levantados dos mortos pelo poder de Deus.

IV

Jesus Cristo não *tem* simplesmente vida e *dá* vida; Ele *é* vida. Jesus disse o que ninguém mais pode dizer: "Eu sou a ressurreição e a vida" (Jo 11.25). "Eu sou o caminho, e a verdade, e a vida" (Jo 14.6). O apóstolo João escreveu: "E a vida se manifestou, e nós a temos visto, e dela damos testemunho, e vo-la anunciamos, a vida eterna, a qual estava com o Pai e nos foi manifestada" (1 Jo 1.2). "A vida estava nele e a vida era a luz dos homens" (Jo 1.4). É por isso que é essencial que os pecadores confiem em Jesus e o recebam em seu coração, porque só então podem ter a vida eterna. "E o testemunho é este: que Deus nos deu a vida eterna; e esta vida está no seu Filho. Aquele que tem o Filho tem a vida; aquele que não tem o Filho de Deus não tem a vida" (1 Jo 5.11,12). Que paradoxo: Ele morreu para que tenhamos vida! Que tragédia: esta vida está à disposição de todos que queiram receber Cristo, porém, bem poucos irão arrepender-se e crer. Ou será que não contamos a eles as Boas Novas?

3

Ele morreu para que pudéssemos viver para Ele

"Pois o amor de Cristo nos constrange, julgando nós isto: um morreu por todos; logo, todos morreram. E ele morreu por todos, para que os que vivem não vivam mais para si mesmos, mas para aquele que por eles morreu e ressuscitou" (2 Co 5.14,15).

Apesar da bondade, altruísmo e filantropia demonstrados por muitas pessoas não salvas, o indivíduo sem Cristo é basicamente egoísta em tudo o que faz, da mesma forma que aquele que conhece a Cristo mas não vive para Ele. "Pois nós também, outrora, éramos néscios, desobedientes, desgarrados, escravos de toda sorte de paixões e prazeres, vivendo em malícia e inveja, odiosos e odiando-nos uns aos outros" (Tt 3.3). Até nossos atos "bondosos" para outros eram tingidos de egoísmo e autogratificação, de modo que nada que fizéssemos jamais satisfaria o alto padrão de justiça de Deus. Quer admitíssemos ou não, nosso desejo era agradar a nós mesmos e não glorificar a Deus.

A razão, é claro, é o fato de sermos dominados pelo mundo, a carne e o diabo (Ef 2.1-3). Vivíamos segundo o curso deste mundo, um sistema invisível que nos rodeia, que odeia Cristo e quer nos conformar aos caminhos perversos desse sistema (Rm 12.2). Fomos sutilmente energizados pelo "príncipe das potestades do ar". Desobedecemos a Deus, mas julgamos ser livres para agir a nosso bel-prazer. Nosso desejo era seguir as "inclinações da carne", esquecendo que o pecado tem conseqüências finais terríveis.

I

Porém, agora temos um novo Mestre! Não vivemos mais para nós mesmos, e sim para o Salvador que deu a si mesmo por nós na cruz. Por termos nos achegado à cruz e confiado em Jesus Cristo, fomos libertados — remidos — do cativeiro da velha vida. Quando Jesus morreu na cruz, Ele derrotou todos os dominadores perversos que controlavam a nossa vida — o mundo, a carne e o diabo.

Vamos começar com "o mundo", esse sistema de coisas dirigido por Satanás e que se opõe a Deus e seu povo. "Mas longe esteja de mim gloriar-me, senão na cruz de nosso Senhor Jesus Cristo, pela qual o mundo está crucificado para mim, e eu, para o mundo" (Gl 6.14). Em sua grande vitória no Calvário, Jesus derrotou o sistema mundial de modo que não temos mais de submeter-nos ao domínio dele. Se, como Demas (2 Tm 4.10), amamos o mundo, voltaremos então gradualmente à escravidão, mas se tivermos o cuidado de obedecer o que nos diz 1 João 2.15-17, vamos experimentar a vitória.

Jesus conquistou na cruz a carne. "E os que são de Cristo Jesus crucificaram a carne, com as suas paixões e concupiscências" (Gl 5.24). Como aplicamos esta vitória às nossas vidas? O versículo seguinte nos ensina: "Se vivemos no Espírito, andemos também no Espírito" (Gl 5.25).

A Bíblia, em sua versão (NVI), traduz o seguinte: "Se vivemos pelo Espírito, andemos também pelo Espírito". Somente por meio do Espírito Santo podemos nos identificar pessoalmente com a vitória de Cristo na cruz e apropriar-nos dela como se fosse nossa.

Na cruz, Jesus derrotou finalmente o diabo. "Chegou o momento de ser julgado este mundo, e agora o seu príncipe será expulso. E eu, quando for levantado da terra, atrairei todos a mim mesmo" (Jo 12.31,32). "E, despojando os principados e as potestades, publicamente os expôs ao desprezo, triunfando deles na cruz" (Cl 2.15). A batalha travada por Jesus na cruz contra os poderes do inferno não foi uma simples escaramuça, mas um ataque total que terminou em vitória completa para o Salvador.

Desde que Jesus é nosso novo Mestre, "É por isso que também nos esforçamos... para lhe sermos agradáveis" (2 Co 5.9). Sabemos que um dia teremos de prestar contas de nosso serviço, quando estivermos diante do trono do Juízo de Cristo, e queremos que esse relato o glorifique (2 Co 5.10,11). Nosso desejo é dizer o que Jesus disse ao Pai: "Eu te glorifiquei na terra, consumando a obra que me confiaste para fazer" (Jo17.4).

II

Não temos apenas um novo Mestre, mas também um novo motivo: "Pois o amor de Cristo nos constrange..." (2 Co 5.14).

Foi o amor que motivou o Pai a dar seu Filho para ser o Salvador do mundo (Jo 3.16; Rm 5.8; 1 Jo 4.9,10), e foi o amor que motivou o Filho a dar sua vida pelos pecados do mundo (Jo 15.13). Nas palavras de Paulo: "[Ele] me amou e a si mesmo se entregou por mim" (Gl 2.20). Não admira que João tenha escrito: "Vede que grande amor (que estranho tipo de amor) nos tem concedido o Pai, a ponto de sermos chamados filhos de Deus" (1 Jo 3.1).

Contudo, tenha em mente que Deus não só amou o mundo perdido, como também amou seu Filho. A primeira vez que lemos a palavra amor no Novo Testamento é quando o Pai declara do céu: "Este é o meu Filho amado" (Mt 3.17). De fato, a primeira vez que você lê a palavra "amor" na Bíblia é quando Deus falou do amor de Abraão pelo seu único filho e depois ordenou que ele o sacrificasse sobre o altar (Gn 22). "O Pai ama ao Filho" (Jo 3.35; 5.20), todavia, o Pai estava disposto a entregar seu Filho amado na cruz em sacrifício pelos pecados.

Amor surpreendente! Quem pode entender?
Que tu, meu Deus, morreste por mim!

(Charles Wesley)

O amor que motiva as nossas vidas não é, porém, algo que fabriquemos com nossas próprias forças. É, pelo contrário, o dom de Deus para nós pelo seu Espírito. "O amor de Deus é derramado em nosso coração pelo Espírito Santo, que nos foi outorgado" (Rm 5.5). À medida que "andamos no Espírito", Ele produz o fruto do Espírito em nossas vidas, e o primeiro fruto mencionado nessa lista é "amor" (Gl 5.22). Isto inclui amor por Deus, amor pelo povo de Deus, amor por um mundo perdido e até amor por nossos inimigos.

Nunca subestime o poder do amor de Deus na vida de um crente dedicado. É o segredo de carregar fardos, travar batalhas e vencer barreiras para cumprir a tarefa que nos foi dada por Deus. Nenhuma quantia em dinheiro ou outra recompensa terrena, sequer, tentaria os servos de Deus a fazer o que o amor os constrange a fazer. "Se Jesus Cristo é Deus e morreu por mim", disse o missionário C.T. Studd ao partir para a África, embora estivesse doente e fosse advertido para não ir, "então nenhum sacrifício pode ser grande demais para eu fazer por Ele".

III

Por causa da cruz de Cristo, vivemos segundo uma nova medida. Não consideramos as outras pessoas como costumávamos fazer quando éramos perdidos. "Assim que, nós, daqui por diante, a ninguém conhecemos segundo a carne" (2 Co 5.16).

Como consideramos o mundo perdido? O que você vê em seu coração quando observa pessoas não salvas agindo como pessoas não salvas? Elas o irritam, repelem, fazem com que fique zangado? Quando Jesus olhava os pecadores perdidos, Ele os via como ovelhas indefesas, confusas, vagando sem rumo, sem um pastor. Ele se tomava de compaixão diante disso (Mt 9.36). Viu também uma colheita, esperando para ser ceifada e que iria perder-se caso alguém não recolhesse os feixes (Mt 9.37,38; Jo 4.35-38). Viu os pecadores como pacientes enfermos necessitando do remédio que só o Grande Médico poderia prover (Mt 9.9-13).

Cheios de orgulho e desprezo, os fariseus condenavam os pecadores e criticavam Jesus por dar-lhes atenção (Lc 15.1,2), mas, movido pela compaixão, Jesus acolheu os pecadores e até morreu por eles na cruz. Se a nossa fé em Jesus Cristo nos isola dos que precisam dEle, há algo errado com a nossa fé — e nosso amor.

Vivemos segundo novos parâmetros. Não valorizamos as pessoas pelo que elas possuem ou pelo que podem fazer por nós, mas pelo que podem ser quando confiam em Jesus Cristo. "E, assim, se alguém está em Cristo, é nova criatura; as coisas antigas já passaram; eis que se fizeram novas" (2 Co 5.17). Se formos realmente constrangidos pelo amor, vemos então cada pecador perdido que encontramos — inclusive os que nos perseguem — como candidatos à nova criação. O Evangelho é as Boas Novas de que não temos de continuar como somos. As pessoas podem ser transformadas e tornar-se parte da nova criação!

É trágico que grande parte das medidas vigentes em nosso mundo seja baseada no primeiro e não no segundo nascimento. As pessoas são julgadas por sua aparência física, raça, habilidades, riqueza, nacionalidade, ou laços familiares. Este tipo de medida cria orgulho, competição e divisão. "Todos os homens são criados iguais" se aplica no que diz respeito à lei, mas as pessoas não são todas iguais em outros aspectos. Umas são mais espertas, mais fortes, mais bem dotadas do que outras. Medir as pessoas pela perspectiva humana e não pelo que Deus diz em sua Palavra é convidar competição, orgulho e divisão.

O amor vê potencial nas pessoas. Jesus disse a Simão: "Tu és Simão, o filho de João; tu serás chamado Cefas (que quer dizer Pedro) [uma pedra]" (Jo 1.42).

Será que alguém da família de Pedro ou algum de seus amigos acreditava realmente que Simão era uma pedra? Isso não importa. Jesus acreditava, e mais tarde provou que tinha razão.

O amor sempre traz à tona o que há de melhor em nós e em outros. O amor nunca desiste das pessoas, porque o amor "tudo sofre, tudo crê, tudo espera, tudo suporta" (1 Co 13.7). Apesar dos lapsos de fé ocasionais de Pedro, Jesus continuou a amá-lo e desafiá-lo a amadurecer. Pedro finalmente compreendeu que seu amor por Cristo era a coisa mais importante em sua vida. "Simão, filho de João, amas-me mais do que estes outros?" (Jo 21.15).

Quando avaliamos pessoas, nossa tendência é observar as aparências, mas o Senhor observa o coração. Nós investigamos o passado, Jesus prevê o futuro. Tanto Moisés quanto Jeremias estavam certos de que Deus tinha errado ao chamá-los para o seu serviço, mas Deus fez deles servos eficientes e provou que ambos estavam errados. Deus chamou Gideão de "homem valente" antes que aquele lavrador amedrontado tivesse sequer dirigido um exército (Jz 6.12), e Gideão tornou-se um homem valente. Deus não estava errado sobre Moisés, Jeremias e Gideão, e não está errado sobre você e eu.

IV

Por pertencermos à nova criação, vivemos sob um novo mandato. Deus nos deu "o ministério da reconciliação" (2 Co 5.18), e isso nos torna "embaixadores de Cristo" (2 Co 5.20). Como filhos de Deus, estamos neste mundo para declarar a paz e não a guerra, e permitir que as pessoas saibam que Jesus pode consertar tudo que o pecado destruiu. Deus "nos reconciliou consigo mesmo por meio de Cristo" (2 Co 5.18), de modo que podemos compartilhar o seu amor e paz num mundo em desintegração, repleto de indivíduos despedaçados.

Por causa da cruz, Deus está reconciliando os pecadores rebeldes consigo mesmo por meio de Jesus Cristo. Mediante seu povo, Ele apela: "Reconciliai-vos com Deus!" (2 Co 5.20). "O Espírito e a noiva dizem: Vem! Aquele que ouve, diga: Vem! Aquele que tem sede venha, e quem quiser receba de graça a água da vida" (Ap 22.17). O Espírito, por meio da Igreja, está convencendo o mundo e chamando os pecadores perdidos de volta para Deus.

Deus não está só reconciliando consigo os pecadores perdidos, mas também os crentes uns com os outros. Judeus e gentios crentes são feitos um em Cristo, membros do mesmo corpo, cidadãos da mesma casa de fé, pedras vivas no mesmo templo glorioso (Ef 2.11-22). As diferenças do "primeiro nascimento", que promovem a divisão e a competição no mundo, não divide a Igreja dos que nasceram de novo, porque "Não pode haver judeu nem grego; nem escravo nem liberto; nem homem nem mulher; porque todos vós sois um em Cristo Jesus" (Gl 3.28).

É provável que as igrejas locais nos dias de Paulo fossem as únicas assembléias do império romano que acolhessem a todos sem discriminação de raça, cor, educação, ou posição social. Os patrões ricos e os escravos pobres compartilhavam a mesma Ceia do Senhor, adoravam o mesmo Deus e ouviam as mesmas Escrituras. Ninguém que estivesse verdadeiramente em Jesus Cristo era rejeitado e fazia parte da nova criação. "Todos os que creram estavam juntos e tinham tudo em comum" (At 2.44).

Como continuar este "ministério da reconciliação" vital no mundo dividido de hoje? Tudo começa com o nosso exemplo de amor, pois se as pessoas não virem os santos se amando, como podem crer que Deus ama os pecadores? A unidade da Igreja no Espírito e em amor é a ferramenta evangelística mais poderosa que possuímos.

"Não rogo somente por estes", disse Jesus, "mas também por aqueles que vierem a crer em mim, por intermédio da sua palavra; a fim de que todos sejam um; e como és tu, ó Pai, em mim e eu em ti, também sejam eles em nós; para que o mundo creia que tu me enviaste... eu neles, e tu em mim, a fim de que sejam aperfeiçoados na unidade, para que o mundo conheça que tu me enviaste e os amaste, como também amaste a mim" (Jo 17.20,21,23).

Esta unidade espiritual pela qual Jesus orou não é algo invisível, visto apenas por Deus. É uma unidade visível que o mundo pode ver quando os cristãos amam uns aos outros e provam assim ser discipulos de Cristo (Jo 13.34,35). Jesus não estava pedindo que o Pai colocasse todas as igrejas e denominações juntas em uma "igreja mundial", mas que unisse todos os cristãos em amor, apesar de suas afiliações locais. Não se tratava de uma igreja de doutrina diluída ou convicções comprometidas, pois "a unidade da fé" é tão importante quanto a nossa unidade em amor (Ef 4.11-13). Devemos amar a verdade, assim como uns aos outros (1 Co 13.6; 2 Ts 2.10).

Quando vivemos nessa atmosfera de amor e unidade, é muito mais fácil para nós partilhar Cristo com os perdidos, orar por eles e fazer boas obras que glorificam a Deus (Mt 5.16). Não podemos alcançar e mudar o mundo inteiro, mas podemos dar testemunho em nosso mundo pessoal onde Deus nos colocou. Maria, de Betânia, deu o que tinha de melhor para Jesus no lugar em que se achava, e durante séculos seu gesto tocou pessoas em todo o mundo (Mt 26.13; Mc 14.9). Se você quiser viver para Jesus, não sonhe sobre lugares distantes e experiências novas e estimulantes. Comece onde se encontra e deixe que Deus o guie no resto do caminho.

4

Ele morreu para que pudéssemos viver com Ele

"Porque Deus não nos destinou para a ira, mas para alcançar a salvação mediante nosso Senhor Jesus Cristo, que morreu por nós para que, quer vigiemos, quer durmamos, vivamos em união com ele" (1 Ts 5.9,10).

Paulo estava escrevendo sobre o céu, o lar glorioso de cada filho de Deus, pois um dos propósitos da morte do Senhor foi para que pudéssemos viver eternamente com Ele.

I

O brilhante matemático e filósofo Alfred North Whitehead (1861-1947) disse certa vez a um amigo: "Quanto à teologia cristã, pode imaginar algo mais tremendamente idiota do que a idéia cristã do céu?"[1] Mas os cristãos, inclusive muitos teólogos inteligentes, não consideram o céu descrito na Bíblia como "tremendamente idiota". Jesus Cristo, que conhecia mais a respeito do assunto que qualquer outra pessoa, também não pensava assim. Se o Dr. Whitehead tivesse conhecido a Bíblia tão bem quanto conhecia Platão e Aristóteles, ele provavelmente não teria feito essa afirmação.

O céu sempre foi real para Jesus, "o qual, em troca da alegria que lhe estava proposta, suportou a cruz, não fazendo caso da ignomínia, e está assentado à destra do trono de Deus" (Hb 12.2). Foi a sua visão do céu que o sustentou quando a caminhada se tornou árdua. Séculos antes, a garantia do céu encorajou Abraão, Isaque e Jacó. Eles mantiveram os olhos fixos na cidade e país que Deus estava preparando para eles (Hb 11.13-16).

Li esta manhã o obituário de um homem em nossa cidade, que se sentiu mal na sexta-feira, foi ao médico para fazer exames de sangue e imediatamente o mandaram para o hospital, onde morreu na segunda-feira seguinte. Ao compreender a brevidade da vida e a finalidade da morte, será "tremendamente idiota" desejar saber para onde você vai quando morrer? Jesus sabia para onde estava indo depois da sua morte na cruz. Da mesma forma, se você confia nEle como Salvador, pode então ter certeza para onde vai.

Os cristãos foram acusados de ser "tão celestiais que não servem para fazer qualquer bem terreno", e talvez isto se aplique a alguns. Mas C.S. Lewis escreveu: "Se você ler a história descobrirá que os cristãos que fizeram mais para o mundo atual foram exatamente os que buscaram mais o mundo futuro... Desde que os cristãos deixaram de pensar tanto no mundo vindouro é que se tornaram tão ineficazes neste".[2] Saber que estamos indo para o céu deve fazer uma diferença em nosso estilo de vida hoje.

A esperança do céu para o cristão repousa sobre três pilares inabaláveis, o primeiro dos quais é a promessa feita por Jesus: "Na casa de meu Pai há muitas moradas. Se assim não fora, eu vo-lo teria dito. Pois vou preparar-vos lugar. E, quando eu for e vos preparar lugar, voltarei e vos receberei para mim mesmo, para que, onde eu estou, estejais vós também" (Jo14.2,3). Esta promessa é tão clara que não necessita de explicação. É o melhor remédio para um coração perturbado.

O segundo pilar é a oração feita por Jesus: "Pai, a minha vontade é que onde eu estou, estejam também comigo os que me deste, para que vejam a minha glória que me conferiste..." (Jo 17.24). Considerando-se que o Pai sempre atende as orações do Filho amado (Jo 11.41,42), podemos ficar certos de que a mesma está sendo também respondida. Isto nos garante que cada crente que morre vai na mesma hora para o céu, a fim de contemplar a glória do Senhor.

O terceiro pilar é o preço que Jesus pagou. Paulo consolou os crentes perturbados de Tessalônica, ainda jovens na fé, dizendo-lhes que, quer vivessem ou morressem, Jesus os levaria para o céu. Foi por isso que Ele morreu e ressuscitou. Quando os crentes morrem, eles vão estar com Cristo; "estar ausente do corpo" significa "estar presente com o Senhor" (2 Co 5.6-8). Se Jesus voltar enquanto ainda estivermos vivos, Ele irá então nos arrebatar para nós o encontrarmos nos ares, e ficaremos com Ele para sempre (1 Ts 4.14-18).

Queremos concentrar-nos neste terceiro pilar — o preço que Jesus pagou — e descobrir a relação entre a cruz de Cristo e o céu.

II

As crianças ficam com saudades de casa, mas os adultos experimentam "choque cultural". Este termo é familiar para nós hoje, mas em 1940 era um conceito novo quando apareceu pela primeira vez na imprensa. Se você já viajou em território desconhecido, especialmente num país estrangeiro, pode ter lutado com o trauma emocional que surge às vezes quando se está "fora do seu elemento". Mas, considere o que significou para o Filho de Deus vir do céu para a terra, a fim de viver entre pecadores e depois morrer numa cruz. Isso é que é "choque cultural!" Ele veio das harmonias do céu para as dissonâncias da terra, da santidade e glória para o pecado e a vergonha, tomando sobre si um corpo no qual experimentaria as provações normais da humanidade: cansaço, fome, sede, sofrimento físico e emocional, e eventualmente a morte.

Isto não quer dizer que nos dias da sua encarnação Jesus não teve alegrias, porque teve. Embora fosse "um homem de dores e que sabe o que é padecer" (Is 53.3), Ele pôde dizer aos discípulos antes de ir para a cruz: "Tenho-vos dito estas coisas para que o meu gozo esteja em vós, e o vosso gozo seja completo" (Jo 15.11). Durante o seu ministério, porém, Jesus realmente "soube o que era padecer", em especial durante seu julgamento e crucificação, porque ninguém sofreu tanto quanto o Filho de Deus.

O inferno certamente se achava presente na cruz do Calvário, motivando a massa ignorante a zombar de Jesus e matá-lo. "Muitos touros me cercam", disse Davi no Salmo 22, falando profeticamente sobre o Messias: "fortes touros de Basã me rodeiam... Cães me cercam; uma súcia de malfeitores me rodeia" (vv.12,16). Paulo nos diz que os exércitos do inferno atacaram o Senhor enquanto Ele pendia da cruz. "Despojando os principados e as potestades, publicamente os expôs ao desprezo, triunfando deles na cruz" (Cl 2.15). Os espectadores no Calvário não viram a batalha nem a vitória, mas os exércitos do céu e do inferno observaram com interesse e preocupação e viram Jesus vencer.

Por mais terrível que fosse a cruz, devemos lembrar que o céu estava ali, assim como o inferno. Jesus se achava na cruz cumprindo a vontade do Pai, bebendo a taça que o Pai preparara para Ele. Sempre que alguém estiver fazendo a vontade de Deus, esse lugar é um posto avançado do céu. Um pequeno grupo de discípulos se reuniu junto à cruz, o que significava que Deus se achava ali entre eles: "Porque, onde estiverem dois ou três reunidos em meu nome, ali estou no meio deles" (Mt 18.20).

Cada declaração feita por Jesus na cruz foi uma palavra do céu, cumprindo a profecia e dando encorajamento. Sua oração para o perdão do Pai, seu cuidado por Maria, e especialmente sua promessa ao ladrão arrependido: "Em verdade te digo que hoje estarás comigo no paraíso" (Lc 23.43) foram evidências de que o céu estava muito perto.

Quase no final da sua provação, Jesus foi esquecido pelo Pai e anunciou este fato em alta voz: "Deus meu, Deus meu, por que me desamparaste?" (Mt 27.46). Este foi o ponto alto da terrível escuridão que havia envolvido a cruz durante três horas. Mas, logo depois disso, Ele gritou: "Pai, em tuas mãos entrego o meu espírito" (Lc 23.46), provando que o Pai e o Filho estavam novamente juntos. Ele foi esquecido pelo Pai, para que pudéssemos ser perdoados por Deus.

Naquele dia terrível em que Jesus morreu na cruz, o céu não estava no templo judeu nem na cidade de Jerusalém, porque Jesus já havia passado sentença sobre a nação incrédula: "Eis que a vossa casa vos ficará deserta" (Mt 23.38). Ele escreveu "Icabode" sobre a cidade: "Foi-se a glória" (1 Sm 4.19-22). O céu não estava na celebração da Páscoa judia; quando o Cordeiro de Deus foi sacrificado pelos pecados do mundo, a Páscoa se tornou um ritual vazio, cujo significado real só se encontraria no Jesus que os líderes religiosos haviam rejeitado.

O amor e os propósitos do céu levaram Jesus à cruz e o mantiveram nela: "O qual, em troca da alegria que lhe estava proposta, suportou a cruz" (Hb 12.2). Que alegria era essa? Era a alegria de voltar ao Pai e de ter restaurada a glória da qual se despojara na sua encarnação (Jo 17.5). Esta alegria inclui também compartilhar a sua glória conosco quando apresentar a Noiva ao Pai (Jd 24). A Igreja irá então reinar para sempre com Ele "para louvor da glória de sua graça" (Ef 1.6).

A religião que rejeita a cruz é tanto impotente quanto ignorante, pois o Cristo da cruz é "o poder de Deus e a sabedoria de Deus" (1 Co 1.24). Só o Cristo da cruz pode levar-nos a Deus. A religião respeitável que rejeita o sangue da cruz não pode compreender a mensagem da Bíblia e não tem poder para lidar com o pecado e com a natureza humana pecadora. A "religião confortável", que evita carregar a cruz e seguir a Jesus, não passa de uma fachada religiosa que nada entende do verdadeiro discipulado.

O céu estava na cruz porque a cruz é o único caminho para ele. O caminho de Deus foi aberto, não só pela vida ou exemplo de Jesus, nem sequer pelos ensinamentos de Jesus, mas pela morte de Jesus na cruz. "Pois também Cristo morreu, uma única vez, pelos pecados, o justo pelos injustos, para conduzir-vos a Deus..." (1 Pe 3.18). Temos, "pois, irmãos, intrepidez para entrar no Santo dos Santos, pelo sangue de Jesus" (Hb 10.19).

Nem todo o sangue de animais,
Mortos nos altares judeus,
Pôde dar paz às consciências culpadas,
Ou esconder a mancha.
Mas, Cristo, o Cordeiro celestial,
Lava os nossos pecados;
O sacrifício de Alguém superior
E com um sangue mais rico que o deles.

(Isaac Watts)

III

O céu estava na cruz, mas a cruz estava também no céu. Não o madeiro literal onde Jesus morreu, é claro, mas a cruz se achava ali da mesma forma.

Vamos começar com os ferimentos no corpo de Jesus, o corpo glorificado no qual Ele ascendeu ao céu. Poetas e compositores de hinos gostam de usar a palavra "cicatrizes", talvez porque seja mais fácil encontrar rima para ela, mas as Escrituras não mencionam cicatrizes no corpo de Jesus. Quando João viu o Cristo glorificado no céu, ele viu "um Cordeiro como tendo sido morto" (Ap 5.6,9,12). Ele viu ferimentos.

Quando o povo de Deus encontrar-se com Jesus e receber seus corpos glorificados, esse será o fim de suas fraquezas, dores, deformações, doenças, decadência e morte. Mas, quando o Senhor voltou à glória, Ele escolheu levar consigo os seus ferimentos — ferimentos gloriosos, é certo — porém, mesmo assim ferimentos. As únicas obras do homem pecador no céu hoje são as feridas no corpo de Jesus. Mas elas falam de pecados perdoados e do sacrifício aceito. Ao ministrar como nosso Sumo Sacerdote e Advogado diante do trono de Deus, Jesus age como o Cordeiro de Deus que foi morto. Quando Satanás acusa os santos, o Filho de Deus o silencia com as marcas dos pregos e a ferida da lança em seu lado.

Oh! Profundeza da misericórdia!
Pode haver ainda misericórdia reservada para mim?
Pode o meu Deus reter a sua ira —
Contra mim, poupando o maior dos pecadores?
De pé, por mim, eu vejo o Salvador,
Estendendo as mãos dilaceradas;
Deus é amor! Eu sei, eu sinto —
Jesus chora e continua me amando.

(Charles Wesley)

A cruz é vista no céu através das feridas do Salvador, mas é ouvida no céu mediante o louvor dos adoradores celestiais. Em Apocalipse 4, os exércitos celestiais cantam sobre o Criador; em Apocalipse 5, seu louvor é sobre o Redentor. "Digno és de tomar o livro e de abrir-lhe os selos, porque foste morto e com o teu sangue compraste para Deus os que procedem de toda tribo, língua, povo e nação..." (Ap 5.9).

"Se quiser atrair pessoas para os seus cultos", alguns especialistas contemporâneos em igreja advertem, "evite usar hinos sobre a cruz e sobre o sangue. A geração moderna não entende esse tipo de ensinamento ou simbolismo". Mas, se excluirmos a cruz e o sangue de Jesus, como poderemos pregar a mensagem do Evangelho? Se você pregar Cristo, tem de pregar a cruz ("Cristo morreu pelos nossos pecados"); se não pregar um Cristo crucificado, não estará pregando o Evangelho. E, como pregar apoiado na Bíblia se não contar aos pecadores que Ele morreu "segundo as Escrituras" (1 Co 15.3)?

Desde que os exércitos dos céus estão louvando o Cordeiro que foi morto, por que os exércitos da terra devem silenciar a sua morte? A única maneira dos pecadores serem salvos é por meio do sangue do Cordeiro. Os anjos do céu se alegram por cada pecador que se arrepende (Lc 15.7,10). Os anjos devem chorar quando vêem o povo de Deus se reunindo para adorar a Cristo sem falar sobre o seu sangue.

O sumo sacerdote judeu só podia entrar no Santo dos Santos levando consigo o sangue do sacrifício (Lv 16), e nenhum pecador pode ser purificado e entrar na presença de Deus sem o sangue de Jesus Cristo (Hb 10.19-25). Durante toda a eternidade, Jesus Cristo será louvado como "o Cordeiro que foi morto" e, por causa desse louvor, a cruz ficará eternamente no céu.

O próprio nome de Jesus — o Cordeiro — ajuda a manter a cruz central no céu. Só no livro de Apocalipse Jesus é chamado de "Cordeiro" pelo menos vinte e oito vezes. A ira de Deus é a "ira do Cordeiro" (Ap 6.16); a purificação é "pelo sangue do Cordeiro" (7.14); e a Igreja é a "noiva do Cordeiro" (19.7; 21.9); Jesus quer ser conhecido por toda a eternidade como o Cordeiro!

IV

Jesus morreu para que pudéssemos viver *por meio* dEle, que é salvação; para que possamos viver *por* Ele, que é dedicação; e para podermos viver *com* Ele, que é glorificação. Não importa quão difícil seja nosso caminho como peregrinos na terra, pois sabemos que iremos "habitar na casa do Senhor para todo o sempre" (Sl 23.6).

"Você em breve vai deixar o mundo dos vivos", disse um pastor para um crente fiel agonizante, ao que o homem replicou: "Não estou deixando o mundo dos vivos, estou deixando a terra dos mortos e vou para a terra dos vivos!"

Ele estava certo. E pôde fazer essa boa confissão porque estivera na cruz e fora salvo pelo sangue de Jesus Cristo.

Nem todos, porém, irão para o céu. Existe outro lugar e ele se chama inferno. O inferno é o lugar para onde vão as pessoas que não confiaram em Jesus Cristo como seu Salvador. Jesus descreveu o inferno como uma fornalha ardente (Mt 13.42,50), e o apóstolo João (o apóstolo do amor) chamou o inferno de "lago de fogo" (Ap 19.20; 20.10,14,15; 21.8). O inferno é real, assim como o céu também é real.

A cruz de Cristo é a única maneira de escapar do inferno eterno. A cruz é também a maior advertência para os pecadores perdidos.

Charles Spurgeon disse o seguinte:

"A mais terrível advertência aos homens impenitentes em todo o mundo é a morte de Cristo. Pois, se Deus não poupou seu próprio Filho, sobre quem o pecado só foi imputado, poupará Ele os pecadores que realmente cometeram pecado?"[3]

Mas ninguém precisa ir para o inferno. Deus não "quer que nenhum pereça, senão que todos cheguem ao arrependimento" (2 Pe 3.9).

"Em nome de Cristo, pois, rogamos que vos reconcilieis com Deus. Aquele que não conheceu pecado, ele o fez pecado por nós; para que, nele, fôssemos feitos justiça de Deus" (2 Co 5.20,21).

TERCEIRA PARTE

O QUE JESUS DISSE NA CRUZ

5

"Pai, perdoa-lhes"

As últimas palavras de uma pessoa podem ser muito reveladoras. Como uma radiografia, elas expõem o coração e a mente do indivíduo.

Por exemplo, o que você esperaria que o magnata do circo, P.T. Barnum, dissesse em seu leito de morte? Provavelmente o que ele disse foi: "Quanto arrecadamos hoje?" Não é de surpreender que as últimas palavras de Napoleão tivessem sido: "Comandante do exército!" O grande pregador batista, Charles Spurgeon, pronunciou estas últimas palavras: "Jesus morreu por mim". John Wesley, fundador do metodismo, disse: "O melhor de tudo é que Deus está conosco".

A 14 de março de 1883, no dia em que Karl Marx morreu, sua governanta aproximou-se dele e falou: "Diga-me quais são as suas últimas palavras e eu as escreverei".

Marx replicou: "Vá embora, saia daqui! Últimas palavras são para os tolos que não disseram o suficiente!"

Marx estava errado nesse ponto, como estava em muitos outros. Jesus Cristo havia dito muitas coisas durante seus três curtos anos de ministério na terra, todavia achou que era importante dizer mais ainda, e fez isso da cruz, o seu lugar de sofrimento. O Rei dos reis transformou a cruz em trono e pronunciou palavras reais de verdade espiritual, palavras que guardamos no coração e das quais podemos aprender ainda hoje. Desde que Ele é a verdade e fala a verdade, o que quer que Jesus diga é digno da nossa consideração e reflexão.

As últimas palavras ditas pelo Senhor na cruz são importantes não só por causa de quem falou, como também pelo lugar em que foram ditas. Embora o Senhor estivesse realizando sua maior obra na terra, ao morrer pelos pecados do mundo, Ele pronunciou ali algumas das suas maiores palavras. Essas últimas palavras na cruz são janelas que nos permitem olhar para a eternidade e ver o coração do Salvador e do Evangelho.

A primeira dessas declarações é encontrada em Lucas 23.33,34: "Quando chegaram ao lugar chamado Calvário, ali o crucificaram, bem como aos malfeitores, um à direita, outro à esquerda. Contudo, Jesus dizia: Pai, perdoa-lhes, porque não sabem o que fazem".

A ANGÚSTIA

A Catedral da cidade de Coventry, na Inglaterra, é a mais bela catedral contemporânea que já vi. Minha esposa e eu a visitamos várias vezes e ficamos sempre estarrecidos com o seu esplendor. Quando o sol da manhã entra pelas janelas recuadas, uma beleza incrível nos envolve. As "Tábuas da Palavra" nas paredes apresentam de forma tão viva as palavras de Jesus, que seria possível usálas para levar um pecador à fé em Cristo.

A velha catedral foi bombardeada na noite de 14 de novembro de 1940 e suas ruínas continuam de pé, junto ao novo santuário, consagrado em 1962. Para mim, a coisa mais interessante sobre essas ruínas é a inscrição gravada na janela por trás da cruz calcinada. Ela diz simplesmente: "Pai, perdoa".

"Pai, perdoa!" Esta foi a oração de um povo angustiado que via seus prédios sendo destruídos e seus entes queridos e amigos feridos e mortos. "Pai, perdoa!" Quando você olha para as ruínas da velha catedral, pode ver um monumento ao egoísmo e pecado humanos, mas vê também um memorial à graça de Deus que capacita os cristãos a orarem pelos seus inimigos. "Pai, perdoa!"

Algumas vezes é muito difícil para nós perdoarmos as pessoas. Muito mais fácil é abrigar um espírito vingativo, ao contrário do que a Bíblia ensina sobre o perdão. Alguém nos ofende e não conseguimos perdoar ou esquecer de coração. É claro que, ao fazer isso, apenas prejudicamos a nós mesmos e mantemos a ferida aberta, mas há algo na natureza humana que gosta de cultivar o ressentimento. É por isso que temos de ouvir a oração de Jesus: "Pai, perdoa-lhes, porque não sabem o que fazem" (v.34).

Essas palavras são tão familiares que deixamos de notar como a declaração em si é realmente maravilhosa. Mas, se compreendermos a maravilha desta primeira palavra da cruz, ela nos levará a perdoar outros e a experimentar a alegria que vem com o verdadeiro perdão.

A QUEM JESUS SE DIRIGIU

Jesus disse: "Pai". Enquanto estava na cruz, o Senhor se dirigiu a Deus três vezes. Sua primeira declaração foi: "Pai, perdoa-lhes, porque não sabem o que fazem" (v.34). A quarta declaração, a mais importante, foi: "Deus meu, Deus meu, por que me desamparaste?" (Mt 27.46). Sua declaração final foi esta: "Pai, nas tuas mãos entrego o meu espírito!"

Suas primeiras palavras, as centrais, e suas últimas, foram todas dirigidas ao Pai. Quando o Senhor entrou em seu sofrimento, enquanto o suportava e quando emergiu vitorioso dele, Jesus falou ao Pai nos céus. Nada ameaçou seu relacionamento com o Pai.

Em meu ministério pastoral, ouvi pessoas dizerem algumas vezes: "Não consigo falar com Deus! Não consigo orar! As pessoas me tratam de tal maneira que acho que Deus não se importa mais comigo!" — Veja, porém, como trataram o Senhor Jesus, o Filho perfeito de Deus! Os líderes religiosos da nação o rejeitaram e pediram que fosse crucificado. Seus discípulos o abandonaram e fugiram. Os soldados o trataram brutalmente e Pilatos, que o declarara inocente, enviou-o depois para a cruz! Em certo ponto, até o Pai abandonou o Filho amado; Jesus, no entanto, levantou os olhos e disse: "Pai!"

Jesus teve comunhão perfeita com o Pai. Quando começou o seu ministério, o Pai disse: "Este é o meu Filho amado, em quem me comprazo" (Mt 3.17). O Pai e o Filho gozavam da comunhão do amor e Jesus pôde dizer: "Eu faço sempre o que lhe agrada" (Jo 8.29). Mas, em meio ao terrível sofrimento, Jesus não rejeitou a vontade do Pai nem questionou o seu amor.

Quando você e eu estamos sofrendo, quer seja uma dor física ou emocional, somos tentados a pensar: "*Será que Deus me ama realmente? Será que Ele se importa?*" Já sabemos a resposta. Ele nos ama; Ele se importa; Ele sempre nos amará e se importará conosco. O caráter santo de Deus é muito maior do que os nossos sentimentos, e suas promessas nunca falham. Ele está executando os seus propósitos para nós, embora nem sempre explique as suas razões.

Como Jesus transformou a provação em triunfo? Ele orou: "Pai". Quando você pode orar: "Pai", a porta então se abre para receber de seu Pai celestial o poder, a graça e a ajuda de que precisa em seu sofrimento. Não é fácil sofrer. A dor é penosa. Um coração partido dói ainda mais do que um braço quebrado. Mas, quando você diz: "Pai", pode então olhar para o céu e saber que o sorriso de Deus está sobre a sua pessoa.

Se você quer poder perdoar outros é neste ponto que deve começar: verifique se tem um bom relacionamento com o Pai que está nos céus. Podemos perdoar nossos inimigos porque sabemos que o Pai está no controle e nada temos a temer. No Jardim onde orou, Jesus já havia aceito voluntariamente o cálice que o Pai preparara para Ele (Jo 18.10,11). Uma vez que você se submete à vontade do Pai, pode receber dEle a graça que precisa para perdoar, e as feridas interiores podem ser então curadas.

O APELO

Considere a maravilha do apelo: "Pai, perdoa-lhes" (Lc 23.34). O tempo do verbo "dizia" indica que o Senhor repetiu esta oração. Quando os soldados o pregaram na cruz, ele orou: "Pai, perdoa-lhes". Quando levantaram a cruz e a fincaram no chão, o Senhor orou: "Pai, perdoa-lhes". Enquanto ficou ali pendurado entre o céu e a terra, ouvindo os religiosos zombarem dEle, Jesus orou repetidamente: "Pai, perdoa-lhes".

Jesus poderia ter orado: "Pai, julga-os!", "Pai, destrua-os!" Ele poderia ter chamado legiões de anjos para livrá-lo, mas não fez isso. Muitas vezes você e eu temos desejado que Deus envie fogo do céu sobre alguém que nos ofendeu, e oramos: "Pai, julga-os!", "Pai, fira-os como eles me feriram!" Mas, o Senhor orou com o seu coração de amor: "Pai, perdoa-lhes". Que exemplo para seguirmos!

O que Jesus estava fazendo ao orar desse modo?

O cumprimento da Palavra de Deus

Em Isaías 53.13 (o grande "capítulo do Calvário" do Antigo Testamento), lemos estas palavras: "Por isso, eu lhe darei muitos como a sua parte, e com os poderosos repartirá ele o despojo, porquanto derramou a sua alma na morte; foi contado com os transgressores; contudo, levou sobre si o pecado de muitos e pelos transgressores intercedeu". O Senhor Jesus Cristo orou por aqueles que o crucificaram e cumpriu essa profecia, contida no Antigo Testamento.

Quando estamos sofrendo, a maioria de nós intercede por si mesmo e não por outros. Jesus esqueceu de si mesmo e pensou nos outros. Era mais importante para Deus perdoar os pecados deles do que remover os sofrimentos de seu Filho. Jesus se entregara voluntariamente à morte na cruz; portanto, essa importante questão já estava resolvida, mas Ele queria que todos soubessem que os perdoara pelo tratamento que lhe haviam dado.

Desde que os escribas e rabinos conheciam a fundo as Escrituras do Antigo Testamento, seria razoável esperar que lembrassem de Isaías 53.12. Se tivessem lido o capítulo no rolo de Isaías, o Espírito de Deus teria aberto os seus olhos para a verdade sobre o Messias Jesus. Mas os eruditos estavam ocupados demais, zombando dEle, e não tiveram tempo de descobri-lo em suas próprias Escrituras.

Ele praticou o que ensinara aos outros

Jesus não só estava cumprindo a profecia do Antigo Testamento, mas também praticando a verdade que ensinara aos outros. Durante o seu ministério, Ele tanto pregou como praticou o perdão. Ele declarou em Mateus 6.15: "Se, porém, não perdoardes aos homens [as suas ofensas], tampouco vosso Pai vos perdoará as vossas ofensas". Isto não significa que o perdão está baseado nas suas boas obras, ou que recebemos o perdão de Deus perdoando a outros. Não sugere também que Jesus precisava de perdão, porque Ele era o Cordeiro imaculado de Deus morto pelos pecados do mundo (Jo 1.29; 1 Pe 1.18,19; 2.24). Sua oração nos lembra de que se não estivermos dispostos a perdoar os outros, nossos corações não se acham, portanto, em condição de pedir o perdão de Deus. Se estou quebrantado diante de Deus, irei então perdoar os outros.

Devemos lembrar que a morte do Senhor ocorreu durante os dias do império romano e no reinado de Tibério César. Entre suas muitas divindades, os romanos adoravam Justiça (Nêmesis), a deusa da vingança e da retribuição (veja At 28.1-6). O Senhor Jesus Cristo não adorava a vingança, e nós também não devemos adorá-la. Ele orou: "Pai, perdoa-lhes" e ao fazer isso praticou a Palavra e também a sua mensagem de perdão.

Só Deus pode ver o coração humano, portanto, só Ele sabe o mal feito pelas pessoas que não perdoam os outros. O vírus de um espírito que não perdoa contaminou casamentos, famílias, igrejas e nações inteiras com conseqüências devastadoras. Como seria diferente se aprendêssemos a perdoar e orar como Jesus orou!

Os propósitos da sua morte

Uma razão de Jesus ter morrido foi para que Deus pudesse perdoar livremente os pecados de todos os que crêem em Cristo. Esta é a mensagem do Evangelho: "Cristo morreu pelos nossos pecados" (1 Co 15.3). Não temos de carregar o fardo e a culpa do pecado porque Jesus carregou no Calvário esse fardo por nós. Podemos agora ser perdoados e perdoar por causa do Calvário.

O Senhor disse ao paralítico: "Homem, estão perdoados os teus pecados" (Lc 5.20). Ele disse à mulher pecadora que o ungiu: "Perdoados são os teus pecados" (Lc 7.48), a seguir acrescentou: "Vai-te em paz" (7.50). O perdão é o real significado da cruz. Embora o perdão seja gratuito, ele não é barato; custou a vida de Jesus Cristo.

Você e eu teremos menos problemas perdoando outros se tivermos um relacionamento reto com o Pai e se lembrarmos como Ele nos perdoou por causa de Jesus. Os que não perdoam os outros destroem a ponte que estão atravessando. Alguns me disseram: "Mas, ninguém sabe como as pessoas foram cruéis comigo". E como resposta, eu as faço lembrar de como as pessoas trataram Jesus; todavia, Ele pôde orar: "Pai, perdoa-lhes, porque não sabem o que fazem". Lembre-se da maravilha deste apelo e permita que ela opere em seu coração.

O ARGUMENTO

Há um terceiro prodígio aqui, é o do argumento que o Senhor apresentou ao Pai quando orou: "porque não sabem o que fazem". O Senhor não só orou pedindo perdão para seus inimigos, como até argumentou a favor deles! É como se Ele fosse um advogado de defesa e dissesse ao Pai: "Deixe que eu lhe dê uma razão para perdoá-los".

Esta declaração tem sido muito incompreendida. Ela não significa que todos são automaticamente perdoados pelo fato de Jesus ter feito esta oração. Nem significa que a ignorância promove o perdão. Todos sabemos que a ignorância não é desculpa perante a lei.

Certo dia, eu estava dirigindo em Chicago e virei simplesmente à esquerda em um cruzamento que conhecia muito bem. Quase em seguida vi uma luz vermelha brilhando atrás de mim e encostei no meio-fio. O policial veio até meu carro e disse: "Você cometeu uma falta ao virar à esquerda". Eu tinha virado ali várias vezes; mas, desde a última vez a prefeitura colocara um sinal "Proibido entrar à esquerda", que confessei não ter notado.

Disse então a ele: "Policial, sinto muito, eu não sabia que agora era proibido entrar à esquerda". Sabe o que ele respondeu? — Isso não faz diferença. De qualquer jeito, você infringiu a lei. A ignorância não é desculpa em face da lei.

O que aquelas pessoas ignoravam?

Elas ignoravam a pessoa de Jesus. Apesar da sua cuidadosa atenção ao estudo do Antigo Testamento, o povo não reconheceu o seu Salvador e Rei quando Ele chegou. Zombaram dEle como profeta e disseram: "Profetiza-nos quem é o que te bateu" (Lc 22.64). Zombaram dEle como rei, colocando um manto em seus ombros, um cetro em sua mão e uma coroa de espinhos em sua cabeça. Gritaram a Pilatos: "Não temos rei, senão César!" (Jo 19.15). Eles riram das afirmações de Cristo de ser o Filho de Deus. "Salvou os outros; a si mesmo se salve, se é de fato o Cristo de Deus, o escolhido" (Lc 23.15).

Por que ignoravam a sua pessoa? Porque se recusavam a crer na sua Palavra e a obedecer o que Ele dizia. "Se alguém quiser fazer a vontade dele, conhecerá a respeito da doutrina, se ela é de Deus ou se eu falo por mim mesmo" (Jo 7.17). Quem quer que procure obedecer sinceramente a verdade da Palavra será guiado pelo Espírito a confessar que Jesus Cristo é o Filho de Deus. Mas os judeus estavam tão fechados em seu sistema religioso tradicional que não quiseram receber os ensinamentos de Cristo e descobrir a realidade da vida eterna.

Eles ignoravam o sentido de seus próprios atos. Não sabiam que aquilo que estavam fazendo era o cumprimento de suas Escrituras do Antigo Testamento. Eles dividiram as roupas de Jesus e lançaram sortes sobre elas (Lc 23.24), e isso cumpriu o Salmo 22.18. Deram-lhe vinagre para beber (Lc 23.36), cumprindo assim o Salmo 69.21. Ele foi crucificado entre dois transgressores (Lc 23.33), e isso cumpriu Isaías 53.12. Até seu clamor ao Pai: "Deus meu, Deus meu por que me desamparaste?" é uma citação do Salmo 22.1, um salmo certamente conhecido dos judeus.

Os romanos e os judeus, "por mãos de iníquos", (At 2.23) mataram Jesus Cristo e, todavia, até mesmo esses atos cumpriram o plano de Deus. A própria ira humana louva a Deus (Sl 76.10), e quando os pecadores estão fazendo o seu pior, Deus está dando o seu melhor.

Eles ignoravam o seu próprio pecado. A enormidade dos pecados deles nunca os perturbou. Eles pregaram o Filho de Deus na cruz e depois continuaram com os afazeres da celebração da Páscoa! No Antigo Testamento, a lei de Moisés fazia provisão para os pecados da ignorância descobertos e que precisavam de perdão. Na sua oração, Jesus disse: "Pai, o meu povo não compreende; eles são ignorantes. Não sabem o que fazem. Pai, é um pecado de ignorância; peço-te que os perdoe".

Isto sugere que a ignorância fará um pecador entrar no céu sem que ele primeiro confie em Jesus Cristo? Não, de modo algum! Os que conhecem a verdade e a rejeitam têm, certamente, maior obrigação diante de Deus do que os que nunca a ouviram, mas a ignorância não é um substituto para o arrependimento e a fé. Se fosse, então quanto menos pessoas ouvirem o Evangelho, tanto mais pessoas haverá no céu!

Os pecadores perdidos são cegos e não compreendem o que estão fazendo a si mesmos e ao Senhor quando endurecem o coração e se recusam a arrepender-se. Jesus disse a Saulo de Tarso: "Saulo, Saulo, por que me persegues?... Dura cousa é recalcitrares contra os aguilhões" (At 9.4,5; 26.14). Se os pecadores perdidos seguirem humildemente a luz que lhes é dada por Deus, irão eventualmente conhecer a verdade e ser salvos.

A RESPOSTA

Qual o objetivo desta oração? Qual a resposta de Deus? A resposta de Deus foi graça e misericórdia: o Juízo não sobreveio. Deus continuou a enviar a sua mensagem de salvação à nação que crucificara seu Filho. O apóstolo Pedro disse aos líderes judeus: "Eu sei que o fizestes [crucificaram Jesus] por ignorância, como também as vossas autoridades" (At 3.17). Deus foi paciente com Israel e deu-lhe quarenta anos de graça antes da cidade de Jerusalém ser destruída pelos romanos em 70 d.C.

O apóstolo Paulo escreveu com relação aos pecados cometidos antes da sua conversão: "Mas obtive misericórdia, pois o fiz na ignorância, na incredulidade" (1 Tm 1.13). Em resposta à oração de Cristo, Deus foi paciente com Saulo de Tarso. Muitos em Jerusalém se entregaram a Cristo como Salvador, inclusive Saulo de Tarso, que se tornou o grande apóstolo Paulo.

Deus nem sempre julga o pecado imediatamente. Em sua misericórdia, Ele adia o juízo porque seu Filho orou: "Pai, perdoa-lhes, porque não sabem o que fazem". Você e eu estamos vivendo no dia da graça e não do juízo. É o dia em que Deus está procurando reconciliar os pecadores perdido com a sua Pessoa em resposta à maravilhosa oração de seu Filho. Deus irá perdoar hoje qualquer pecador que se arrependa e se volte pela fé para Jesus Cristo.

Charles Wesley escreveu em um de seus hinos:

Cinco feridas sangrentas,
Recebidas no Calvário Ele tem;
Elas derramam orações eficazes,
Suplicam fortemente por mim,
"Perdoa, ó perdoa", clamam,
"Não deixe morrer esse pecador resgatado".

"Pai, perdoa-lhes, porque não sabem o que fazem".

6

A PROMESSA DO PARAÍSO

Sempre que um pecador se arrepende e confia em Jesus Cristo como Salvador, essa pessoa nasce na família de Deus e se torna imediatamente um filho de Deus. "Mas, a todos quantos o receberam, deu-lhes o poder de serem feitos filhos de Deus, a saber, aos que crêem no seu nome" (Jo 1.12).

A salvação é, na verdade, uma experiência surpreendente, porque quando você crê em Jesus um milagre acontece. O pecador espiritualmente morto é ressuscitado para a vida eterna e levado das trevas para a luz. A Bíblia chama esta experiência de "novo nascimento" (Jo 3), recebendo a vida divina e a natureza divina em seu interior.

Para cada crente, o milagre do novo nascimento é o mesmo, mas as circunstâncias que circundam esse milagre são diferentes. Algumas experiências de conversão são mais maravilhosas do que outras. Quando aceitei a Cristo como meu Salvador, eu me encontrava no fundo do auditório de uma escola secundária ouvindo Billy Graham pregar o Evangelho. Não levantei a mão para orar nem fui até à frente para ser aconselhado. De fato, nem sequer esperei que o pastor Graham terminasse sua mensagem e fizesse o convite. Enquanto ele pregava, simplesmente abri meu coração para Cristo pela fé e fui salvo.

Essas circunstâncias foram bem diferentes das que cercaram a conversão de Saulo de Tarso, que se tornou o apóstolo Paulo. Ele foi cegado por uma luz brilhante do céu, teve uma visão do Senhor Jesus em glória, e Jesus até falou com ele do céu! Saulo caiu no chão tomado de medo e ficou cego por três dias antes que Deus abrisse os seus olhos. Nenhuma dessas coisas aconteceu comigo, mas nasci de novo mesmo assim porque tive fé em Jesus Cristo.

Cada conversão é, portanto, incrível, mas as circunstâncias de algumas são mais surpreendentes que as de outras. Isto inclui a conversão do ladrão na cruz. Apesar de não terem ocorrido milagres espantosos, a conversão do ladrão na cruz foi uma das experiências espirituais mais maravilhosas registradas nas Escrituras.

Este é o registro do Evangelho de Lucas:

"O povo estava ali e a tudo observava. Também as autoridades zombavam e diziam: Salvou os outros; a si mesmo se salve, se é, de fato, o Cristo de Deus, o escolhido. Igualmente os soldados o escarneciam e, aproximando-se, trouxeram-lhe vinagre, dizendo: Se tu és o rei dos judeus, salva-te a ti mesmo. Também sobre ele estava esta epígrafe [em letras gregas, romanas e hebraicas]: ESTE É O REI DOS JUDEUS. Um dos malfeitores crucificados blasfemava contra ele, dizendo: Não és tu o Cristo? Salva-te a ti mesmo e a nós também. Respondendo-lhe, porém, o outro, repreendeu-o, dizendo: Nem ao menos temes a Deus, estando sob igual sentença? Nós, na verdade, com justiça, porque recebemos o castigo que os nossos atos merecem; mas este nenhum mal fez. E acrescentou: Jesus, lembra-te de mim quando vieres no teu reino. Jesus lhe respondeu: Em verdade te digo que hoje estarás comigo no paraíso" (Lc 23.35-43).

"Hoje estarás comigo no paraíso" foi a segunda declaração de Jesus na cruz. A primeira foi: "Pai, perdoa-lhes, porque não sabem o que fazem" (Lc 23.34). Nosso Senhor primeiro orou por seus inimigos, mas na sua segunda afirmação, Ele falou a um pecador arrependido e deu-lhe a segurança de que iria para o céu quando morresse. Considere os aspectos surpreendentes da conversão desse homem.

A INCRÍVEL SITUAÇÃO

Não é possível deixar de sentir o impacto da surpreendente situação no Calvário. Quando crucificaram o Senhor Jesus, eles o colocaram entre dois ladrões. Poderiam ter posto os dois ladrões juntos, o que seria natural, pois parece que tinham sido parceiros no crime e se conheciam. Em vez disso, os soldados romanos colocaram o Senhor Jesus entre os dois ladrões e criaram uma situação inusitada. Por quê?

A profecia foi cumprida

Jesus, pendurado entre dois malfeitores, que era o cumprimento da profecia. Isaías 53.12 nos conta que Ele "foi contado com os transgressores" (Mc 15.27,28).

No "lugar da caveira" onde Jesus foi crucificado, não só estavam operando as mãos perversas dos homens, mas também as mãos poderosas de Deus. Sem compreender, os perversos obedeciam ao plano de Deus e cumpriam a profecia divina (At 2.23). A promessa de Deus é esta: "Eu velo sobre a minha palavra para a cumprir" (Jr 1.12), e sua Palavra jamais falhará.

Jesus foi contado com os transgressores porque os homens perversos concluíram que Ele era um transgressor. O Filho de Deus, sem pecado, foi tratado como um criminoso! Não devemos, porém, surpreender-nos com isto, porque foi pelos pecadores que Jesus veio ao mundo. "E lhe porás o nome de JESUS, porque ele salvará o seu povo dos pecados deles" (Mt 1.21). "Tal como o Filho do homem, que não veio para ser servido, mas para servir e dar a sua vida em resgate por muitos" (Mt 20.28). Jesus viveu com pecadores e foi até chamado ironicamente de "glutão e bebedor de vinho, amigo de publicanos e pecadores!" (Mt 11.19). Ele morreu com pecadores e morreu pelos pecadores.

A providência graciosa de Deus

Havia também outra coisa surpreendente sobre a situação no Gólgota: Jesus foi crucificado entre dois ladrões porque Deus estava operando a sua graciosa providência. A palavra "providência" significa "resolver de antemão". Não houve acidentes na vida do Senhor Jesus, apenas compromissos. Não foi por acidente que o Senhor Jesus ficou entre aqueles dois ladrões, porque o Pai estava pondo em prática seu gracioso e providencial plano.

Para começar, devido ao fato de Jesus se encontrar entre eles, os dois ladrões puderam ouvir sua oração repetida: "Pai, perdoa-lhes, porque não sabem o que fazem" (Lc 23.34). O Espírito Santo de Deus usou essa oração para falar ao coração desses dois criminosos: "Eis aqui Alguém que perdoa pecadores e ora para que Deus tenha misericórdia deles".

Pelo fato de estarem de cada lado do Senhor Jesus, ambos puderam ver o título que Pilatos colocara na cruz. Quando se combinam os registros do Evangelho, ficamos sabendo que o título era: "Este é Jesus Nazareno, o Rei dos Judeus". Estas palavras estavam escritas em três idiomas, e os ladrões provavelmente conheciam pelo menos dois deles. Podemos dizer que Pilatos escreveu o primeiro "folheto evangélico" e o pendurou sobre a cabeça de Jesus.

Não há dúvida de que esses dois ladrões olhavam um para o outro ao falar, e isto significa que tinham de olhar para o Senhor Jesus, pendurado entre eles. Ao olharem para Jesus, tinham de ver o título, que os informava sobre quem Ele era e o que era.

Ele é Jesus, que significa "Salvador". O nome "Jesus" vem do hebraico "Josué", que significa "Jeová é Salvador". Como o Josué do Antigo Testamento, Jesus guia as pessoas para a sua herança, se crerem nEle e o invocarem: "E acontecerá que todo aquele que invocar o nome do Senhor será salvo" (At 2.21; Rm 10.13).

Ele é "Jesus Nazareno", indicando que provinha de uma cidade desprezada e rejeitada (Jo 1.46) e foi identificado com os párias sociais. Ele é "Rei dos Judeus", significando que é um Salvador que tem um reino! Portanto, ao ler este título, eles puderam aprender as boas novas de que o homem chamado Jesus não era um criminoso, embora estivesse pendurado numa cruz. Ele era o Salvador dos pecadores perdidos, o Rei dos Judeus.

Considere um terceiro fato: por causa desta situação extraordinária, os dois ladrões podiam ouvir as vociferações da multidão contra Ele. Os soldados zombavam: "Se tu és o rei dos judeus, salva-te a ti mesmo" (Lc 23.37). O povo comum e as autoridades religiosas da nação caçoaram dEle e disseram: "Salvou os outros, a si mesmo se salve, se é de fato o Cristo de Deus, o escolhido" (Lc 23.35). Essas eram, certamente, boas novas, se apenas os ladrões pudessem acreditar nelas; se Ele salvou outros, poderia também salvá-los!

Pilatos colocou essa inscrição na cruz para acalmar sua própria consciência, mas Deus fez uso dela para ganhar uma alma perdida. Os soldados e as autoridades zombaram de Jesus, mas Deus usou a zombaria deles para transformar um criminoso em pecador arrependido. Como é surpreendente a operação da providência graciosa de Deus!

Cada um dos ladrões tinha acesso ao Senhor Jesus. Eles não precisavam fazer esforços especiais para ouvi-lo ou falar com Ele, porque Jesus se achava bem ali entre os dois. Enquanto os ladrões falavam um com o outro, eles olhavam para Jesus. Quando olhavam para Ele, viam algo diferente na sua pessoa. Ele não estava acusando os soldados como as outras vítimas geralmente faziam, nem replicando aos que o insultavam. Não é de admirar que o ladrão crente confessasse: "Este nenhum mal fez" (Lc 23.41). Deus ainda opera providencialmente para criar situações que abram uma oportunidade para o indivíduo conhecer a Cristo, confiar nEle e ser salvo. Ninguém é salvo por acidente, pois o encontro com Jesus Cristo é um encontro divino. Deus prepara a situação para dar aos pecadores a oportunidade de ouvir o Evangelho, confiar em Jesus Cristo, crer nEle e ser salvo. O Senhor "não quer que nenhum pereça, senão que todos cheguem ao arrependimento" (2 Pe 3.9). O desejo de Deus é que todos os homens sejam salvos (1 Tm 2.3,4). Que tragédia quando alguém perde a oportunidade de ouro de confiar em Jesus e ser perdoado!

A SÚPLICA SURPREENDENTE

"Jesus, lembra-te de mim quando vieres no teu reino" (Lc 23.42). Esta não foi uma oração longa e complicada, mas continua sendo uma das orações mais extraordinárias registradas na Bíblia. Por quê? Considere várias razões.

A confissão contida na oração

Ao fazer essa oração simples, o ladrão agonizante admitiu que temia a Deus. Não era um agnóstico, duvidando da existência de Deus, ou um ateu, negando essa existência. Ele não concebia Deus como um Criador distante, cujos ouvidos estavam surdos aos gritos dos pobres pecadores. Este homem temia a Deus e queria estar pronto para encontrá-lo quando morresse.

As autoridades judaicas hipócritas que se encontravam junto à multidão ao redor da cruz teriam afirmado que temiam a Deus, mas não havia evidência de medo, seja nas suas palavras ou nos seus atos. Elas estavam crucificando o seu próprio Messias e rindo dEle enquanto sofria e morria! "O temor do Senhor é o princípio da sabedoria" (Sl 111.10), mas aqueles homens piedosos estavam agindo na ignorância (At 3.17) e não compreendiam o que faziam. "Pelo temor do Senhor os homens evitam o mal" (Pv 16.6), mas aqueles homens orgulhosos estavam cometendo o maior crime da história da humanidade ao matarem o seu Messias.

Ele confessou ser culpado. O ladrão admitiu que ele e seu companheiro haviam infringido a lei e tinham sido justamente condenados. É raro encontrar criminosos que admitam ter errado e mereçam ser punidos. Penso que foi Frederico, o Grande, que certa vez visitou uma prisão onde ouviu prisioneiro após prisioneiro protestar sua inocência e pedir ao imperador que o libertasse. Um homem, no entanto, confessou humildemente ser culpado e merecer a prisão.

"Soltem este homem!" — ordenou o imperador. — "É insensato que continue aqui contaminando todos esses presos inocentes!"

Os pecadores não podem ser salvos até admitirem ser culpados e merecerem a condenação e castigo do Senhor: "Para que se cale toda a boca, e todo o mundo seja culpável perante Deus" (Rm 3.19). Antes que você possa abrir a boca e invocar a salvação do Senhor, sua boca deve ser fechada pela convicção.

O ladrão arrependido confessou que Jesus Cristo era inocente. Mas, se era inocente, por que estava morrendo numa cruz junto aos criminosos culpados? Por que as autoridades da cidade o acusavam e insultavam? O ladrão sabia que Jesus era inocente por causa da convicção em seu próprio coração. As palavras do Senhor, sua oração e sua atitude em relação aos inimigos, tudo falava de pureza e amor. Este Jesus de Nazaré era diferente dos outros homens e o ladrão sentiu a diferença.

Ele confessou que há vida após a morte e que devia prestar contas a Deus. "Nem ao menos temes a Deus?" perguntou ele ao amigo, e depois acrescentou: "Nós... recebemos o castigo que nossos atos merecem" (Lc 23.40,41). Vivemos hoje num mundo em que "ninguém é culpado", quer você sofra um acidente de automóvel, decida divorciar-se, ou tente ganhar um caso no tribunal. Como Adão e Eva, procuramos alguém a quem culpar, mas não queremos que Deus nos culpe.

O malfeitor sabia que estava morrendo e que depois da morte ele se encontraria com Deus. Sabia que suas desculpas não iriam convencer a Deus de que ele era inocente. Pelo contrário, confessou que era culpado e que não podia enfrentar a eternidade sem um Salvador. Essa a razão de ter-se voltado para Jesus.

Você crê que existe mesmo uma vida após a morte? Está preparado para ela? Crê que merece o juízo, que é um pecador culpado? Crê que existe um Deus justo e santo e que você terá de prestar contas a Ele um dia? A morte é um compromisso divino e depois dela há outro compromisso divino: o juízo (Hb 9.27). Você está pronto? O ladrão agonizante estava pronto porque depositou sua fé em Jesus Cristo.

A coragem necessária para fazer a oração

No que se refere ao registro bíblico, ninguém mais no Calvário estava pedindo salvação a Jesus. Os sacerdotes e as autoridades religiosas zombavam de Cristo; esse ladrão, porém, ousou crer em Jesus e fez isso publicamente. A multidão se opunha a ele, os soldados zombavam dele e o próprio amigo do ladrão ria do Senhor Jesus. Apesar de toda essa pressão, o ladrão confiou em Jesus. Algumas pessoas não querem confiar em Jesus por temerem o que outros possam fazer ou dizer; todavia, eis aqui um homem que teve a coragem de desafiar as autoridades, os sacerdotes, os soldados e seu amigo, voltando-se para o Senhor e confiando nEle.

Apocalipse 21.8 lista oito classes diferentes de pessoas que não vão para o céu, e no primeiro lugar estão os "medrosos" ou "covardes". Estes são os que não têm coragem de admitir a sua necessidade e pedir salvação a Cristo. Eles têm coragem de pecar abertamente com os amigos, mas lhes falta coragem para arrepender-se apesar dos amigos. Temem o que as pessoas possam dizer se deixarem o grupo e tomarem posição a favor de Cristo. Este ladrão não se achava entre os covardes. Ele, corajosamente, se identificou com Cristo quando quase todos os demais estavam contra Ele.

A confiança exigida por esta oração

Pense em quão pouco o ladrão sabia a respeito de Jesus e do caminho da salvação. Ele pôde ler a acusação colocada sobre a cabeça do Senhor e certamente ouviu as vozes do povo em volta da cruz.

Como já vimos, o nome "Jesus" significa "Salvador", portanto o ladrão sabia que Jesus poderia salvá-lo. Ele ouviu também os escarnecedores gritando: "Ele salvou outros!", e pode ter raciocinado: "Se este Jesus salvou outros, pode também salvar-me".

A inscrição na cruz dizia que Jesus era um rei e tinha então um reino. Se possuía um reino, tinha autoridade e podia exercê-la a favor de outros. Jesus viera de Nazaré, uma cidade desprezada pelo povo da Judéia. "Perguntou-lhe Natanael: De Nazaré pode sair alguma cousa boa?" (Jo 1.46).

Mas, o próprio título "Jesus de Nazaré" o identificou com o povo comum, e essa era a espécie de Salvador que o ladrão precisava.

Muitos dizem: "Eu gostaria de ser salvo, mas quero compreender melhor o assunto". Compreender o Evangelho faz parte da salvação, mas você não precisa ser um teólogo para tornar-se cristão. O ladrão não compreendia muita coisa sobre os assuntos de Deus, mas aquilo que entendia o levou à fé no Salvador. Ele é uma testemunha contra os pecadores de hoje que conhecem a verdade do Evangelho, ouviram lições na Escola Dominical e sermões sobre Jesus, cantaram até hinos sobre Jesus, mas o rejeitaram. Seu juízo será bem maior do que os das pessoas que nunca ouviram falar do Salvador.

Além disso, o ladrão viu o Senhor Jesus quando Ele foi rejeitado, abusado, estava fraco e morrendo. Você confiaria em alguém nessa condição, pendurado e indefeso numa cruz? Seria como esperar ajuda de um salva-vidas que estivesse se afogando! Eu poderia compreender as pessoas confiando no Senhor Jesus se o vissem operar um milagre, mas Jesus não fez qualquer milagre enquanto pendurado na cruz. Jesus foi esquecido, zombaram e riram dEle; no entanto, o ladrão teve fé suficiente para confiar no Senhor.

Deus convida você hoje para confiar num Salvador que ressuscitou e foi glorificado, que está assentado no trono do universo. Não há problema em confiar nessa espécie de Salvador! O ladrão não tinha muito conhecimento. Não havia beleza em Jesus quando ele o contemplou; esse homem, porém, creu em Jesus e foi salvo. A sua fé se encontra entre as maiores registradas na Bíblia.

A SALVAÇÃO SURPREENDENTE

Existe um terceiro aspecto na conversão do malfeitor, que é na verdade surpreendente: não só sua situação e sua súplica, mas também a salvação que ele alcançou. Quando confiou em Jesus, ele recebeu muito mais do que esperava! "Mas, onde abundou o pecado, superabundou a graça" (Rm 5.20).

O ladrão sabia que era um pecador perdido, mas o Senhor Jesus Cristo "veio buscar e salvar o perdido" (Lc 19.10). Os que não querem admitir que são perdidos não podem ser salvos. Um dos problemas que enfrentamos ao comunicar o Evangelho hoje é a resistência das pessoas em admitir sua necessidade de salvação. Elas acham que têm "boas obras" suficientes em depósito para merecer uma casa no céu. Esses indivíduos não querem compreender que são ovelhas perdidas no caminho largo que leva à destruição, em vez de filhos de Deus na estrada estreita que leva à vida.

Esse ladrão era um homem perdido, que sabia estar perdido. Era um homem condenado, que sabia estar condenado. Por causa disto, ele voltou-se para Jesus e disse: "Jesus, lembra-te de mim quando vieres no teu reino" (Lc 23.42). E Jesus deu a ele uma salvação surpreendente: "Em verdade te digo que hoje estarás comigo no paraíso" (v.43). Quais são as características desta salvação que a tornam tão excepcional?

Salvação só pela graça

Para começar, esta salvação foi inteiramente pela graça de Deus. O ladrão não merecia ser salvo e admitiu isso. O homem confessou que ele e o amigo estavam recebendo exatamente o "castigo que mereciam" pelos crimes cometidos (Lc 23.40,41). Ele não ofereceu desculpas nem álibis, mas simplesmente confessou que era pecador e merecia morrer. Jesus ouviu o pedido do homem e o salvou pela sua graça.

Graça é simplesmente favor imerecido da parte de Deus. Você não pode ganhá-la, comprá-la ou se esforçar para obtê-la. Só pode receber a graça como um dom.

Mas, isso exige sinceridade e humildade: sinceridade em admitir que você precisa ser salvo, e humildade para confessar que não pode salvar a si mesmo. Sempre que alguém nos dá um presente, imediatamente nos sentimos obrigados a fazer algo em troca a fim de merecer o presente. Mas essa abordagem não funciona com Deus. A salvação é um dom — um dom gratuito — e não há nada que tenha de ser feito para retribuir.

O primeiro homem, Adão, se tornou ladrão quando ele e Eva comeram o fruto proibido e desobedeceram a Deus (Gn 3). Em vista de ter roubado, Adão foi expulso do Paraíso. O último Adão, Jesus Cristo, virou-se para um ladrão e disse: "Hoje estarás comigo no Paraíso". A graça de Deus é assim! Em sua misericórdia, Deus não nos dá o que merecemos; na sua graça, Ele nos dá o que não merecemos. Que surpreendente salvação!

O ladrão não se achava em posição de ganhar a sua salvação. Alguns afirmam que para ir ao céu é preciso obedecer aos Dez Mandamentos ou ao Sermão do Monte. Obedecer ao Senhor é importante, mas ninguém pode ser salvo obedecendo aos Dez Mandamentos ou ao Sermão do Monte. O ladrão agonizante não tinha tempo suficiente nem força moral para guardar os Dez Mandamentos ou o Sermão do Monte. Em pouco tempo ele iria encontrar-se com o seu Criador e ser julgado. O que ele precisava era de graça e não de lei.

Outros dizem que para ir ao céu você tem de passar por um ritual religioso. Mas o ladrão agonizante não teve oportunidade de passar por uma cerimônia religiosa. Não devemos complicar o dom gratuito da salvação de Deus. A conversão desse homem deveu-se inteiramente à graça de Deus. O ladrão não merecia ser salvo nem ganhou a sua salvação. Ele simplesmente recebeu o dom da salvação pela fé.

Você recebeu a salvação como um dom gracioso de Deus? Ou está se gabando das suas atividades religiosas, de quanto ora, quantas reuniões freqüenta, quantas boas obras realiza? Caso positivo, você talvez não esteja absolutamente salvo. Quando o indivíduo é verdadeiramente salvo, é só pela graça de Deus, e a pessoa não se gaba disso. "Porque pela graça sois salvos, mediante a fé; e isto não vem de vós; é dom de Deus; não de obras, para que ninguém se glorie" (Ef 2.8,9).

A graça de Deus, entretanto, não é barata; ela custou a vida do Filho de Deus na cruz. Ele pagou o preço por nós e a fé nEle é a única maneira de podermos ser perdoados e entrar um dia no céu para estar com Jesus.

Salvação garantida

Existe mais uma coisa sobre esta salvação surpreendente: ela era certa e garantida. Não se tratava de uma salvação "provável", nem uma salvação "talvez". Ouça novamente as palavras de Jesus para o ladrão: "Em verdade te digo que hoje estarás comigo no paraíso" (Lc 23.43). Como este homem sabia que a sua salvação era garantida? Porque Jesus afirmou isso e o Senhor nos dá a mesma garantia em sua Palavra hoje: "Todo aquele que invocar o nome do Senhor será salvo" (At 2.21). "Aquele que tem o Filho tem a vida; aquele que não tem o Filho de Deus não tem a vida" (1 Jo 5.12). A Palavra de Deus é confiável. "Para sempre, ó Senhor, está firmada a tua palavra no céu" (Sl 119.89).

Alguns dizem que você não pode saber se é salvo até que morra, mas não é isso que as Escrituras ensinam. Não quero correr riscos em relação à eternidade, quero saber antes da morte que estou indo para o céu. Paulo escreveu: "Porque sei em quem tenho crido e estou certo de que ele é poderoso para guardar o meu depósito até aquele dia" (2 Tm 1.12). João também escreveu: "Estas coisas vos escrevi, a fim de saberdes que tendes a vida eterna, a vós outros que credes em o nome do Filho de Deus" (1 Jo 5.13).

O malfeitor às portas da morte sabia que tinha a vida eterna e que estaria com Jesus no céu. Era um pecador sem mérito algum, um criminoso condenado; e, no entanto, sabia que estava indo para o céu. Como sabia disso? Jesus lhe afirmara.

Salvação pessoal

A salvação dada por Jesus a esse homem foi pessoal. Ele falou pessoalmente ao homem e o salvou pessoalmente. "Em verdade te digo..." (Lc 23.43). Deus nos ama pessoalmente. Escrevendo sobre Jesus Cristo, Paulo disse: "...que me amou e a si mesmo se entregou por mim" (Gl 2.20). O Senhor Jesus Cristo morreu pessoalmente por nós. O amor de Deus nos é mostrado pessoalmente e Deus nos salva pessoalmente. Deus não trata com os pecadores como parte de uma multidão; Ele não salva as pessoas em massa. Deus salva as pessoas individualmente, uma a uma.

Salvação presente

Foi uma salvação pessoal e presente: "Hoje estarás comigo no paraíso". Note a palavra "hoje". O homem pedira: "Jesus, lembra-te de mim quando vieres no teu reino" (Lc 23.42), como se dissesse: "Em algum tempo, no futuro, quando entrares no teu reino, peço que te lembres de mim". Mas, podemos parafrasear a resposta do Senhor: "Por que esperar pelo futuro? Sou Rei hoje! Vou dar-lhe a salvação agora".

A salvação não é um processo. Você não recebe o perdão dos pecados a prestações. A salvação é uma experiência espiritual instantânea pelo poder de Deus, quando coloca a sua fé em Jesus Cristo. O nascimento espiritual deve ser, porém, seguido pelo crescimento espiritual (2 Pe 3.18); mas o crescimento é a evidência do nascimento e não a causa do mesmo. Um antigo hino explica isso muito bem:

Está feita, está feita a grande transação!
Eu sou do Senhor e Ele é meu.

(Philip Doddridge)

Salvação centrada em Cristo

Salvação significa estar ligado com Jesus Cristo pela fé. Nosso Senhor se identificou com esse homem na condenação e ele foi identificado com Jesus Cristo na salvação. É disso que trata a cruz. A salvação não está centrada em Moisés ou em guardar a lei. Ela não se concentra num pregador, numa igreja, ou numa tradição reverenciada. A salvação está centrada em Cristo Jesus.

O ladrão não podia virar-se para o outro ladrão e dizer: "Lembra-te de mim quando vieres no teu reino"; seu amigo não tinha um reino. Ele não podia também suplicar a um dos soldados romanos: "Lembra-te de mim quando vieres no teu reino". Os soldados não sabiam nada sobre um reino eterno. O homem prestes a morrer não podia voltar-se para um dos líderes religiosos, pois nenhum destes teria condições de fazer nada por ele. Ele só podia voltar-se para Jesus Cristo. "E não há salvação em nenhum outro; porque abaixo do céu não existe nenhum outro nome, dado entre os homens, pelo qual importa que sejamos salvos" (At 4.12).

Quantas vezes ouvimos o velho argumento: "Assim como há tantas estradas para chegar a Nova York, há também muitos caminhos para o céu". Mas não estamos falando de uma cidade terrena, construída por homens, e, sim, de uma cidade celestial construída por Deus. Os homens podem construir quantas estradas para as suas cidades quiserem, mas Deus afirmou que só há um caminho para a sua cidade: Jesus Cristo, o Salvador do mundo. Jesus disse: "Eu sou o caminho, e a verdade, e a vida, ninguém vem ao Pai senão por mim" (Jo 14.6).

Você já se aproximou de Jesus Cristo e pediu-lhe para salvá-lo? A salvação que Ele dá é só pela graça; ela é certa e segura; é pessoal; pode ser sua neste momento. A salvação está centrada em Jesus Cristo; portanto, tudo o que você tem a fazer é voltar-se para Ele, arrepender-se dos seus pecados e receber esse dom pela fé.

Salvação gloriosa

Tudo o que o homem pedira fora compartilhar de algum tipo de reino futuro que ele praticamente desconhecia. Mas o Senhor Jesus deu-lhe muito mais do que ele poderia esperar: o ladrão crente estaria com Jesus no paraíso! O paraíso é o terceiro céu, onde Deus habita (2 Co 12.1-4). O céu é um lugar real, um lugar glorioso, onde não haverá dor, tristeza, lágrimas, ou morte. O céu é onde Jesus se acha agora, preparando lugar para todos os que confiarem nEle. Um dia, Ele voltará e levará o seu povo para o céu, onde habitará com Ele para sempre (Jo 14.1-6).

Um homem me disse certo dia: "Vou ser como aquele ladrão agonizante. Vou esperar até o último minuto e então receberei Jesus como meu Salvador".

Este tipo de atitude, porém, apresenta dois grandes problemas. Primeiro, você não sabe quando será o "último minuto". Você assinaria um papel agora dizendo: "Vou adiar a salvação da minha alma até alguns minutos antes de minha morte?" Claro que não, porque não sabe quando virá esse último minuto.

Mas há um problema ainda maior. O ladrão não é um exemplo de um pecador salvo na sua última oportunidade; ele é um exemplo de um pecador salvo na primeira oportunidade que recebeu! Não há razão para crer que esse homem tenha ouvido Jesus pregar antes de se encontrarem no Calvário. Quando surgiu a sua primeira oportunidade, o ladrão confiou em Jesus Cristo. É isso que todo pecador perdido deveria fazer.

A única diferença entre esse ladrão e os pecadores perdidos hoje é que ele foi apanhado e ninguém ainda apanhou esses outros! Um dia, todo pecador perdido receberá a recompensa devida pelas suas obras e então será tarde demais. Hoje, você pode encontrar Jesus como seu Salvador, mas amanhã talvez vá encontrá-lo como seu Juiz.

Logo depois do ladrão ter confiado em Cristo, as trevas desceram sobre a terra e envolveram a cruz. "Respondeu-lhes Jesus: Ainda por um pouco a luz está convosco. Andai enquanto tendes a luz, para que as trevas não vos apanhem; e quem anda nas trevas não sabe para onde vai. Enquanto tendes a luz, crede na luz, para que vos torneis filhos da luz" (Jo 12.35,36).

O ladrão agonizante alegrou-se ao ver
Essa fonte em seus dias.
E nela eu, embora vil como ele,
Poderei lavar todos os meus pecados.

"Hoje estarás comigo no paraíso".

7

O Senhor fala com os seus

Se você e eu tivéssemos estado em Jerusalém quando Jesus foi crucificado, a que distância nos manteríamos da cruz? Uma coisa é entrar num santuário confortável e cantar: "Jesus, deixe-me ficar perto da cruz", mas outra bem diferente é fazer realmente isso. Como todos sabem, Jesus foi "desprezado e rejeitado pelos homens" e haveria necessidade de muita coragem e amor para ficar junto à sua cruz.

Os soldados romanos estavam perto da cruz porque esse era o seu dever. Quatro mulheres também se achavam ali, porque todas amavam Jesus. Encontravam-se ali por devoção e não dever. Queriam estar com Jesus. Maria, a mãe do Senhor, se achava ali, assim como Maria Madalena e Salomé, a irmã da mãe dEle. Salomé era esposa de Zebedeu e mãe de Tiago e João. Maria, mulher de Cleopas, era outra que estava presente e também João, o discípulo amado.

"Vendo Jesus sua mãe e junto a ela o discípulo amado, disse: Mulher, eis aí teu filho. Depois, disse ao discípulo: Eis aí tua mãe. Dessa hora em diante, o discípulo a tomou para casa" (Jo 19.26,27). Esse discípulo era, naturalmente, João, que escreveu o Evangelho de João onde se encontra este registro.

Os cristãos usam hoje a frase "junto da cruz" para descrever sua dedicação e devoção a Jesus. A frase se tornou quase um clichê evangélico. Nós talvez tenhamos orado: "Senhor, deixe-me ficar junto da cruz", mas não paramos para pensar o que realmente estamos pedindo e se estamos dispostos a pagar o preço da resposta à nossa oração. O Senhor pode dizer-nos, como disse a Tiago e João: "Não sabeis o que pedis" (Mt 20.22).

Evidentemente, ficar junto à cruz não é uma questão de geografia física. A cruz do Senhor desapareceu e ninguém pode sair da cidade de Jerusalém e ficar perto dela como João e as mulheres fizeram há séculos. Hoje, ficar perto da cruz se refere a uma posição espiritual, um relacionamento especial com Jesus. Ficar junto da cruz significa identificar-se com Cristo em seu sofrimento e vergonha, sair "do arraial, levando o seu vitupério" (Hb 13.13). É o que Paulo chamou de "comunhão dos seus sofrimentos" (Fp 3.10).

A terceira declaração que o Senhor fez da cruz nos ajuda a compreender o que significa estar perto dela. A melhor maneira de abordar nosso estudo talvez seja falar sobre algumas pessoas que se achavam ali. Vamos entrevistar Maria Madalena, Salomé, a mãe do Senhor, e o apóstolo João para descobrir o que significa realmente estar junto da cruz de Jesus Cristo.

MARIA MADALENA: UM LUGAR DE REDENÇÃO

Maria Madalena é citada por último em João 19.25, mas quero começar com ela. Se você tivesse se aproximado de Maria Madalena naquela tarde e perguntasse: "Maria Madalena, o que significa para você estar perto da cruz de Jesus?" — penso que ela teria respondido: "Para mim é um lugar de redenção".

O Senhor Jesus Cristo havia remido Maria Madalena e a libertado da terrível escravidão do demonismo. Segundo Lucas 8.2 e Marcos

16.9, ela fora liberta de sete demônios. É pena que as pessoas tenham confundido a mulher descrita em Lucas 7.36-50 com Maria Madalena. Não sabemos o nome da mulher, mas conhecemos a sua reputação. Era uma prostituta a quem Jesus livrara do pecado. Para mostrar seu amor e apreciação por Jesus, ela entrou na casa em que Ele estava jantando e o ungiu com um perfume caro. O cativeiro de Satanás é algo terrível, mas Jesus pode livrar-nos. Ele pode converter pecadores "das trevas para a luz e da potestade de Satanás para Deus, a fim de que recebam eles remissão de pecados e herança entre os que são santificados pela fé" em Jesus Cristo (At 26.18).

Ele esmaga o poder do pecado cancelado,
Liberta o prisioneiro;
Seu sangue pode purificar os mais vis,
Seu sangue me valeu.

(Charles Wesley)

Quando você confia no Senhor Jesus Cristo, sai das trevas para a luz e do poder de Satanás para o poder de Deus. Deus começa a controlar e usar a sua vida. Você sai da culpa para o perdão e da pobreza para a riqueza como herdeiro de Deus pela fé em Jesus. Foi isto que Jesus fez por Maria Madalena.

Este milagre da redenção tem um custo elevado. Quando Jesus livrou Maria Madalena do poder de Satanás, isso lhe custou a vida. "Chegou o momento de ser julgado este mundo, e agora o seu príncipe será expulso. E eu, quando for levantado da terra, atrairei todos a mim mesmo" (Jo 12.31,32).

De pé, junto à cruz, Maria viu Jesus pagar o preço da sua redenção.

Jesus precisava morrer para que pudéssemos ser libertos. Para sairmos das trevas para a luz, Ele tinha de mover-se da luz para as trevas. Para sermos libertos de Satanás e levados a Deus, Jesus teria de ser entregue a homens perversos e ser esquecido por Deus. Para sermos livres do pecado e recebermos perdão, Jesus tinha de ser feito pecado por nós. Para que me fizesse rico, Ele tinha de tornar-se o mais pobre dentre os pobres.

Não é de admirar que Maria estivesse ao pé da cruz! E isso não é tudo. Ela estava no túmulo quando Jesus foi sepultado e também foi até o túmulo bem cedo, na manhã da ressurreição. Maria Madalena fora remida e Jesus era precioso para ela. Ali, junto da cruz, Maria podia dizer sinceramente: "A cruz para mim é um lugar de redenção".

Na sua vida, a cruz é um lugar de redenção? Se for, você pode então dizer: "Confiei em Jesus Cristo e Ele me levou das trevas para a luz, do poder de Satanás para o de Deus, da culpa do pecado para o perdão, da pobreza para uma herança mediante a fé nEle". "Ele nos libertou do império das trevas e nos transportou para o reino do Filho do seu amor" (Cl 1.13).

SALOMÉ: UM LUGAR DE CENSURA

A segunda pessoa com quem queremos falar é Salomé. Ela era irmã de Maria, mãe de Tiago e João, e esposa de Zebedeu. Lembramos dela como a mulher que foi até Jesus com seus filhos, pedindo que permitisse que ocupassem um lugar do lado direito e esquerdo do trono no seu reino (Mt 20.20-28).

Jesus perguntou aos dois irmãos: "Podeis vós beber o cálice que eu estou para beber?" Tiago e João tinham tamanha autoconfiança que responderam: "Podemos" (v.22). Então Jesus lhes disse: "Bebereis o cálice que eu bebo e recebereis o batismo com que eu sou batizado" (Mc 10.39). Tiago foi o primeiro apóstolo a sofrer o martírio (At 12.1,2) e João foi o último apóstolo a morrer, mas passou por sofrimentos e perseguição antes de ser chamado para casa. Se tivéssemos perguntado a Salomé o que a cruz representava para ela, penso que teria respondido: "A cruz para mim é um lugar de censura. Estou aqui repreendida pelo meu egoísmo. Queria que meus dois filhos tivessem lugares de honra à direita e à esquerda do Senhor Jesus. Mas aqui me acho, vendo Jesus numa cruz e não num trono, e me envergonho de mim mesma por ter orado como orei".

De fato, ela podia muito bem envergonhar-se de si mesma, como todos nós deveríamos nos envergonhar quando oramos egoisticamente. "Pedis, e não recebeis, porque pedis mal, para esbanjardes em vossos prazeres" (Tg 4.3).

Salomé queria algo grandioso e glorioso para seus filhos, mas não considerou o que a resposta à sua oração custaria tanto a eles como a ela. Sua oração nascera do orgulho e não da humildade. Ela só se preocupara com os filhos e não com a glória do Senhor.

Tronos são algo que você precisa merecer e, para Jesus, o caminho do trono era por meio da cruz. Primeiro o sofrimento, depois a glória. Salomé esquecera o preço de reinar com Jesus: "Se perseverarmos, também com ele reinaremos" (2 Tm 2.12). Se quisermos usar a coroa, devemos estar dispostos a beber o cálice.

Quando vejo a prodigiosa cruz
Em que morreu o Príncipe da glória,
Meu maior lucro conto como perda,
E desprezo todo o meu orgulho.
Não permita, Senhor, que me vanglorie
A não ser na morte de Cristo meu Deus;
Todas as coisas vãs que mais me encantam,
Eu as sacrifico ao seu sangue.

(Isaac Watts)

Nenhum cristão se eleva mais do que a sua vida de oração, e algumas vezes as coisas egoístas que fazemos resultam de orações egoístas. Salomé não conseguia levar seu pedido de tronos até a cruz, porque sua oração era egoísta, orgulhosa e ignorante. Ela não compreendeu que o preço para obter um trono tinha de ser pago. Tiago pagou um preço, pois entregou sua vida por Jesus. João também pagou um preço, exilado na ilha de Patmos. Salomé considerava a cruz um lugar de censura e tinha razão. Como podemos orar egoisticamente à luz do sofrimento dEle na cruz? Como pedir uma vida fácil quando Ele teve de suportar tanto? Deus tem prazer em honrar seus servos e um dia iremos compartilhar a sua glória eterna. Mas, antes da glória, é preciso que haja sofrimento. "Ora, o Deus de toda a graça, que em Cristo vos chamou à sua eterna glória, depois de terdes sofrido por um pouco, ele mesmo vos há de aperfeiçoar, firmar, fortificar e fundamentar" (1 Pe 5.10).

Maria Madalena nos diz que a cruz é um lugar de redenção e Salomé afirma que é um lugar de censura.

Vamos entrevistar agora Maria, a mãe do Senhor, para ver o que a cruz significava para ela.

MARIA: UM LUGAR DE RECOMPENSA

Se estivéssemos ao lado de Maria, no Calvário, e perguntássemos a ela o que significava ficar perto da cruz, penso que teria respondido: "Para mim, a cruz é um lugar de recompensa".

É interessante notar que encontramos Maria no início do Evangelho de João (capítulo 19), mas não nos capítulos intermediários. Em João 2, Maria vai a um casamento e se envolve nas alegrias de uma festa. Em João 19, ela está envolvida no sofrimento de uma execução e um sepultamento. Em João 2, o Senhor Jesus demonstrou seu poder e glória quando transformou a água em vinho. Mas em João 19, o Senhor morreu em fraqueza e vergonha ao beber o cálice do sofrimento. Ele poderia ter exercido seu poder e se livrado, mas se fizesse isso não teria completado a obra da salvação. Ele não veio para salvar-se, mas para salvar-nos.

Em João 2, vemos Maria falando com Jesus e sugerindo que Ele ajude a resolver um problema embaraçoso. Em João 19, Maria se mantém silenciosa. Seu silêncio, porém, é muito significativo, pois Maria era a única pessoa cujo testemunho poderia ter salvo Jesus da cruz. As autoridades judias sabiam que Maria era a mãe do Senhor. Tudo que ela tinha a fazer era afirmar às autoridades: "Sou mãe dEle. Eu o conheço melhor do que ninguém. O que Ele diz sobre ser o Filho de Deus não é verdade; por favor, soltem-no". As autoridades teriam se alegrado com a oportunidade de provar que Jesus era uma fraude.

Porém, Maria ficou calada! Você sabe o por quê? Ela não podia mentir sobre o filho que sabia ser o Filho de Deus. Enquanto se achava ali junto à cruz, o silêncio de Maria foi um testemunho de que Jesus Cristo é o Filho de Deus. A mãe é certamente quem conhece melhor o filho. Se Jesus Cristo não fosse quem afirmava ser, Maria poderia ter declarado isso e salvo Jesus. Mas ela se manteve em silêncio. Para mim, seu silêncio é um testemunho eloqüente de que o Cristo que adoramos é Deus Filho, encarnado.

A cruz foi um lugar de recompensa para Maria. Em que sentido? No sentido de que Jesus não ignorou a mãe, mas recompensou-a, compartilhando com ela o discípulo amado. Maria deve ser honrada, mas não adorada. O Evangelho de Lucas nos conta que Maria rejubilou-se em Deus seu Salvador (Lc 1.47). Maria foi salva pela fé como qualquer outro pecador. Isabel não disse a ela: "Bendita és tu acima das outras mulheres". Mas, sim: "Bendita és tu entre as mulheres". E a seguir acrescentou: "Bem-aventurada a que creu" (Lc 1.45).

Quando Maria e José levaram o menino Jesus ao templo, Simeão disse a Maria: "Uma espada traspassará a tua própria alma" (Lc 2.35). Ela sentiu a espada traspassar a sua alma enquanto se achava ao pé da cruz de Jesus.

Considere o sofrimento de Maria por ter sido escolhida como mãe do Senhor. Quando descobriram que estava grávida, ela começou a sofrer vergonha e censura. Os vizinhos não compreenderam a sua gravidez e comentavam sobre ela. Maria casou-se com José, um carpinteiro pobre e deu à luz o Senhor Jesus num estábulo. Depois disso, ela, José e Jesus tiveram de fugir de Belém para o Egito, a fim de escapar da espada de Herodes. Crianças inocentes, entretanto, morreram por causa de seu filho Jesus. Imagino como Maria deve ter-se sentido ao ouvir essas notícias. Ela alegrou-se porque o filho estava a salvo, mas deve ter sentido a espada na alma ao saber que criaturinhas inocentes haviam sido sacrificadas.

Ainda bem jovem, Jesus disse a ela e a José: "Não sabíeis que me cumpria estar na casa de meu Pai?" (Lc 2.49). Isto deu início a uma experiência de penosa separação entre Maria e seu filho. Maria não entendia às vezes as atitudes dEle ou o que Ele fazia, e a espada traspassava a sua alma enquanto observava e ouvia. O salmista declarou com eloqüência no Salmo 69.8: "Tornei-me estranho a meus irmãos e desconhecido aos filhos de minha mãe".

Durante a vida de Jesus, Maria sofreu ao ver como Ele vivia e servia; na cruz, ela sofreu ao ver a morte dEle. Ele morreu em público, crucificado entre dois ladrões, tratado como um criminoso. Todo tipo de pessoa transitava por ali e lançava insiltos contra Ele. Era uma multidão tão cosmopolita que Pilatos teve de escrever sua acusação em três idiomas diferentes! O Senhor não foi crucificado num canto escondido de uma rua sem importância, mas fora da porta da cidade onde as massas entravam e saíam. Ele morreu publicamente, num dia em que milhares de pessoas visitavam Jerusalém para celebrar a Páscoa. E Maria ficou junto à cruz, sentindo a espada traspassar sua própria alma.

Jesus, porém, a viu e assegurou-lhe o seu amor. Ele sempre faz isso. Você pode estar passando por uma experiência do Calvário e sofrendo intensamente por causa de algo trágico que lhe aconteceu. Lembre-se de que o Senhor Jesus Cristo sempre nos assegura seu amor quando nossos corações se partem. Ele disse a Maria: "Mulher [um título de respeito], eis aí o teu filho" (Jo 19.26). Estaria falando de si mesmo? Acho que não; penso que falava de João. A seguir, disse a João: "Eis aí tua mãe!" (Jo 19.27).

Ao pronunciar essas breves sentenças, qual o objetivo de Jesus? Ele estabeleceu um novo relacionamento entre Maria e João. Era como se dissesse a Maria: "Vou voltar ao meu Pai no céu. Por causa disto, você e eu teremos um relacionamento completamente novo. Mas, para dar paz ao seu coração, curar seu coração ferido, vou darlhe João como um filho amado". Ele assegurou à mãe o seu amor ao indicar seu discípulo preferido e torná-lo o filho adotivo de Maria. O Senhor Jesus sentiu o sofrimento dela. Ele conhecia a sua solidão e a recompensou dando-lhe o discípulo a quem tanto amava.

Li em algum lugar que o testamento mais longo já comprovado era composto de quatro grandes volumes e continha 95.940 palavras! O testamento mais breve existente foi legitimado na Grã-

Bretanha e só contém quatro palavras: "Tudo para minha mãe".

Jesus não possuía bens terrenos valiosos para dar a quem quer que fosse. Os soldados lançaram sortes sobre suas roupas e isso era tudo que Ele tinha. O que poderia dar a Maria? Deu João. A partir dessa hora, João a levou para a sua casa (Jo 19.27). Para Maria, a cruz foi um lugar de recompensa, porque Deus sempre recompensa os que sofreram por sua causa.

JOÃO: UM LUGAR DE RESPONSABILIDADE

Vamos falar agora com João.

"João, o que significa estar aos pés da cruz?"

Imagino que João responderia: "Este é um lugar de responsabilidade. Ao receber Maria em minha casa e cuidar dela, estou substituindo Jesus". O Senhor Jesus reinou na cruz. Ele estava completamente no controle de sua pessoa e da situação. Essa é uma das razões de ter recusado beber vinho entorpecente antes de ser crucificado, pois queria estar no completo domínio de suas faculdades ao realizar a vontade do Pai.

Ao pronunciar essas palavras, Jesus restaurou João. Lembre-se de que, no Jardim, João o havia abandonado e fugido com os outros discípulos. O Pastor fora atingido e as ovelhas dispersas. Mas João voltou à cruz e tomou posição com Jesus. João foi então restaurado e perdoado.

Você e eu podemos nos desviar do caminho de Deus. Podemos desobedecer à vontade de Deus. É possível até negarmos o Senhor como fez Pedro, mas sempre podemos voltar e ser perdoados.

O Calvário não era o lugar mais seguro nem o mais fácil para ficar. João, porém, voltou para junto da cruz de Jesus. Em meu ministério pastoral, tenho estado com pessoas em seu leito de morte, mas nunca estive numa situação como a do Calvário. Foi preciso amor e coragem da parte de João para voltar, e o Senhor Jesus o recebeu e perdoou. João escreveu mais tarde: "Se confessarmos os nossos pecados, ele é fiel e justo para nos perdoar os pecados e nos purificar de toda injustiça" (1 Jo 1.9).

Jesus não só restaurou João, como também o honrou. Era como se tivesse dito: "João, você está me substituindo. Seja um filho para Maria e cuide dela". Mas todo o povo de Deus não deve tomar o lugar dEle agora que Ele voltou para o céu? Depois da sua ressurreição, Jesus disse aos discípulos: "Assim como o Pai me enviou, eu também vos envio" (Jo 20.21).

Você e eu representamos Jesus Cristo neste mundo. O que isto significa? Significa que se afirmamos ser cristãos, devemos viver como Jesus vivia quando ministrou neste mundo e representá-lo fielmente. "Segundo ele é, também nós somos neste mundo" (1 Jo 4.17). Ele é a luz do mundo (Jo 8.12) e devemos ser luzes no mundo (Mt 5.14-16; Fp 2.15). Nossos vizinhos talvez não vão à igreja ou leiam a Bíblia, mas eles vão observar nossas vidas e ler o que fazemos e dizemos. É uma responsabilidade tremenda representar Jesus neste mundo, mas pelo poder do Espírito de Deus, podemos ser testemunhas fiéis (At 1.8). A cruz é um lugar de responsabilidade. Se ficarmos perto da cruz, temos a responsabilidade de amar o Senhor Jesus e viver para Ele num mundo que o rejeitou.

Jesus quer que fiquemos ao pé da cruz.

Junto da cruz é um lugar de redenção. Se você nunca confiou em Jesus, pode ser remido e transformado. Basta ir à cruz pela fé e confiar nEle. "Todo aquele que invocar o nome do Senhor será salvo" (At2.21).

Junto da cruz é um lugar de censura. Nosso orgulho e nosso egoísmo desaparecem quando ficamos diante da cruz e vemos o Senhor Jesus sofrendo por nós.

Junto da cruz é um lugar de recompensa. Não importa quantas vezes seu coração foi traspassado e se partiu, Deus vai recompensá-lo. Ele sabe transformar o sofrimento em glória. Junto da cruz é um lugar de responsabilidade. Quando nos achegamos à cruz, nos identificamos com Jesus na comunhão dos seus sofrimentos. A seguir fazemos o trabalho que Ele nos deu para ser feito ao tomarmos o seu lugar no mundo.

Você está ao pé da cruz de Jesus?

8

O grito na escuridão

A primeira declaração que o Senhor fez na cruz não deveria surpreender-nos, porque esperamos que Jesus ore pelos seus inimigos (Lc 23.34). Ele ensinou o perdão e veio para trazer perdão, portanto, "Pai, perdoa-lhes porque não sabem o que fazem" é o que esperamos ouvir dEle.

Não nos surpreendemos também com o que Ele disse ao ladrão na cruz: "Hoje estarás comigo no paraíso" (Lc 23.43). Sabemos que Jesus veio à terra para morrer, a fim de que aqueles que tiverem fé possam vir a estar com Ele um dia no céu. "Pois também Cristo morreu, uma única vez, pelos pecados, o justo pelos injustos, para conduzir-vos a Deus" (1 Pe 3.18).

Quando Jesus falou com Maria e o apóstolo João, suas palavras não nos surpreendem porque o Senhor obedeceu à lei de Deus. O quinto mandamento nos instrui a honrar pai e mãe, e Jesus certamente fez ambas as coisas em sua vida e na sua morte. Ele não só carregou nossos pecados em seu corpo (1 Pe 2.24), como também carrega nossos fardos e cuida de nós (1 Pe 5.7).

As três declarações feitas na cruz realmente não nos surpreendem. Todavia, a quarta nos causa admiração porque introduz um elemento de surpresa e até de mistério. O registro diz o seguinte:

"Desde a hora sexta até à hora nona, houve trevas sobre toda a terra. Por volta da hora nona, clamou Jesus em alta voz, dizendo: Eli, Eli, lamá sabactâni? O que quer dizer: Deus meu, Deus meu, por que me desamparaste? E alguns dos que ali estavam, ouvindo isto, diziam: Ele chama por Elias. E, logo, um deles correu a buscar uma esponja e, tendo-a embebido de vinagre e colocado na ponta de um caniço, deu-lhe a beber. Os outros, porém, diziam: Deixa, vejamos se Elias vem salvá-lo" (Mt 27.45-49).

Pelo menos três mistérios estão envolvidos nesta terceira declaração da cruz e, se entendermos pelo menos um pouco desses mistérios, poderemos compreender melhor o que Jesus fez por nós na cruz.

UM GRANDE MISTÉRIO

Vamos começar com o grande mistério da escuridão em volta da cruz. Desde o meio-dia até as três horas da tarde, trevas espessas cobriram a terra, uma escuridão sobrenatural que não podia ser explicada. Ela não foi causada por um eclipse (um evento bastante improvável durante o período da Páscoa) ou por uma tempestade de areia. Era uma escuridão sobrenatural enviada pelo Pai enquanto seu Filho pendia entre o céu e a terra. Por que Ele enviou essas trevas? Como era essa escuridão?

A escuridão da simpatia

O Criador estava morrendo na cruz e toda a criação, envolta em trevas, simpatizava com Ele. Isaac Watts tinha isto em mente quando escreveu:

O sol foi envolto em trevas,

E ocultou suas glórias;
Quando Cristo, o Criador poderoso, morreu
Pelo pecado do homem, criatura sua.

Quando o primeiro homem e a primeira mulher pecaram, a sua desobediência afetou toda a criação (Gn 3.14-19). Deus perdoou o pecado deles, mas não podia poupá-los das tristes conseqüências do seu pecado, as quais sofremos ainda hoje. Em vez de cuidar de um lindo jardim, Adão teve de ganhar seu sustento com o suor do rosto. Enquanto arava o solo, foi obrigado a lutar com espinhos e abrolhos. A mulher experimentou a dor durante o trabalho de parto, ao conceber e dar à luz filhos. Pior do que tudo, porém, a morte entrou em cena, pois "o salário do pecado é a morte" (Rm 6.23) e "em Adão todos morrem" (1 Co 15.22).

Tudo na criação obedece a Deus, exceto o homem, e é este que tem mais a perder pela sua desobediência. Deus mostra à chuva onde cair e ao vento onde soprar, e eles o obedecem; Deus diz ao homem o que fazer e o que não fazer, e ele o desobedece. Temos sérios problemas ecológicos hoje por causa da desobediência contínua do homem a Deus. A cobiça e o egoísmo tornaram os homens maus despenseiros da rica criação de Deus e criaram problemas que as nações estão lutando para resolver.

Hoje em dia, toda a criação está sofrendo porque o pecado e a morte reinam neste mundo (Rm 5.14-21). "Porque sabemos que toda a criação, a um só tempo, geme e suporta angústias até agora" (Rm 8.22).

Jesus morreu para remir a criação, assim como para salvar a humanidade perdida. Em cruel zombaria, alguns soldados fizeram uma coroa de espinhos e a colocaram na cabeça de Jesus; mas, ao usar essa coroa, Ele anunciou que estava carregando o sofrimento do mundo juntamente com os pecados do homem. A criação será um dia liberta do cativeiro e dos esforços extenuantes, e o Rei reinará em justiça e glória. Não haverá então mais doenças, desastres ou morte.

A escuridão da solenidade

As trevas na cruz também eram de solenidade. Aquele foi o momento mais solene da história do mundo, quando o Justo morreu pelos injustos e o Cordeiro inocente de Deus derramou o seu sangue pelos pecadores culpados. Deus enviou três dias de escuridão sobre a terra do Egito antes daquela primeira Páscoa, quando os cordeiros foram mortos para proteger os primogênitos; e Ele enviou três horas de escuridão antes do Cordeiro de Deus morrer pelos pecados do mundo.

É como se Deus estivesse dizendo nessas três horas de trevas: "Esta é uma hora de juízo solene, muito maior do que o juízo que enviei ao Egito". Ao falar da sua morte, Jesus disse: "Chegou o momento de ser julgado este mundo, e agora o seu príncipe será expulso" (Jo 12.31). A morte do Senhor na cruz foi um evento solene porque Ele carregou os pecados do mundo e derrotou Satanás, o príncipe deste mundo. Na Bíblia, uma das descrições do inferno é "para fora, nas trevas". Muitos não querem ouvir falar do inferno; outros, quando ouvem, riem. Mas o inferno não é uma piada. Jesus falou sobre lançar "para fora, nas trevas", um lugar real onde os pecadores sofrem as conseqüências eternas por terem rejeitado Cristo (Mt 8.12; 22.13; 25.30).

Alguns descuidados pensam que o inferno é apenas "o céu com as luzes apagadas". Essas pessoas pensam que no inferno irão gozar de amizades e comunhão, como fazem com seus amigos pecadores aqui na terra. "Não nos importamos de ir para o inferno" — dizem alegremente. — "Afinal de contas, vamos ter muita companhia ali!" Lembre-se, porém: o inferno é um lugar de sofrimento, separação e solidão; não é lugar de amizades e diversões. Se o inferno não é coisa séria, por que Jesus morreu? Se o inferno não é real e terrível, então a cruz de Cristo é uma zombaria e sua morte foi um enorme desperdício.

A escuridão do segredo

Estas trevas sobrenaturais eram a escuridão do segredo, como se Deus pusesse uma cortina em torno da cruz. Durante aquelas três horas, Jesus Cristo realizou sua grande obra de redenção e morreu pelos pecados do mundo.

O Dia da Expiação anual era a única ocasião do ano em que o sumo sacerdote judeu tinha permissão para entrar no Santo dos Santos, e devia entrar sozinho (Lv 16). Levava com ele o sangue do sacrifício e o espargia sobre o propiciatório e diante da arca da aliança. Só Deus o via fazer isso, porque ninguém mais o acompanhava.

Durante aquelas três horas de escuridão, Jesus completou uma negociação eterna com o Pai e consumou a obra que viera fazer (Jo 17.4). Qual era essa obra? A obra da salvação, que só Ele podia realizar. Jesus ficou em silêncio por três horas e só depois falou: "Deus meu, Deus meu, por que me desamparaste?" (Mt 27.46). Jesus não tinha pecado, todavia, foi feito pecado por nós "para que nele fôssemos feitos justiça de Deus" (2 Co 5.21).

UM MISTÉRIO MAIOR

Um mistério ainda maior do que as trevas ao redor da cruz é a solidão do Senhor naquela hora. O Filho de Deus foi abandonado pelo Pai!

Ao ler os registros do Evangelho sobre as suas últimas horas antes do Calvário, você observa o Senhor Jesus entrando gradualmente num período de solidão e rejeição. Ele celebrou a Páscoa com os doze apóstolos no cenáculo, Judas partiu em seguida para traí-lo, e só restaram então onze discípulos. Estes foram com Ele para o Jardim do Getsêmani e Jesus escolheu ali três deles —Pedro, Tiago e João para vigiar e orar em sua companhia. Mas os discípulos adormeceram!

Quando Jesus foi preso no Jardim, todos os discípulos o abandonaram e fugiram. Dois deles, Pedro e João, seguiram os soldados e entraram no pátio da residência do sumo sacerdote. Foi então que Pedro negou o Senhor três vezes. Um discípulo, João, ficou junto à cruz de Cristo com as mulheres. Jesus, entretanto, o enviou para casa, incumbindo-o de cuidar de Maria, sua mãe.

Os homens mais chegados a Jesus o abandonaram, mas pelo menos o Pai estava com Ele. "Aquele que me enviou está comigo". Jesus disse aos discípulos: "Eis que vem a hora e já é chegada, em que sereis dispersos, cada um para sua casa, e me deixareis só; contudo, não estou só, porque o Pai está comigo" (Jo 16.32). Na cruz, porém, até o Pai o deixou! Que mistério profundo, esse da grande solidão do Salvador na cruz!

Por que o Pai o abandonou? Pode haver muitas razões, mas certamente a maior é que Jesus foi feito pecado por nós na cruz, e Deus é demasiado santo para sequer olhar para o pecado. O pecado nos isola de nós mesmos e cria um vazio em nosso íntimo. O pecado nos separa de Deus e até uns dos outros. Quando Adão e Eva pecaram, eles se esconderam do Senhor por serem culpados e estarem com medo de enfrentar um Deus santo. Os pecadores continuam fugindo desde então. O evangelista Billy Sunday disse que os pecadores não encontram Deus pela mesma razão que os criminosos não encontram um policial: eles não o procuram!

Deus nunca abandonou ninguém, senão o seu Filho. Você deve ter-se sentido por vezes abandonado por Deus, mas Ele nunca o abandonou. Se Deus se esquecesse de você por um segundo, você morreria: "Pois nele vivemos e nos movemos" (At 17.28). Deus estava com José nas suas provações no Egito; com Daniel durante o seu cativeiro na Babilônia; com Davi durante o seu exílio no deserto da Judéia; mas abandonou seu próprio Filho quando Ele foi feito pecado por nós na cruz.

Jesus foi abandonado pelo Pai para que nós nunca fôssemos esquecidos. Ele entrou na escuridão para que tivéssemos luz. Experimentou o terrível isolamento e separação para que nunca fôssemos deixados sozinhos. O inferno é a solidão eterna, o isolamento eterno, "banidos da face do Senhor e da glória do seu poder" (2 Ts 1.9). No dia do juízo, Jesus dirá aos que rejeitaram a sua graça: "Nunca vos conheci. Apartai-vos de mim, os que praticais a iniqüidade" (Mt 7.23). "Apartai-vos de mim, malditos, para o fogo eterno, preparado para o diabo e seus anjos" (Mt 25.41).

As Escrituras não descrevem o que Jesus experimentou durante aquelas três horas de trevas, mas a sua experiência culminou no grito: "Deus meu, Deus meu, por que me desamparaste?" Os pecadores no inferno não podem fazer esta pergunta, porque sabem a razão de estarem ali: eles se recusaram a receber o dom da vida eterna mediante a fé em Jesus Cristo. "Jerusalém, Jerusalém, que matas os profetas e apedrejas os que te foram enviados! Quantas vezes quis eu reunir os teus filhos, como a galinha ajunta os seus pintinhos debaixo das asas, e vós não o quisestes!" (Mt 23.37).

O MAIOR MISTÉRIO

Para mim, o maior mistério de todos é a cegueira do povo em volta da cruz. Eles simplesmente não conseguiam ver quem Jesus era e o que estava fazendo a seu favor.

Alguém disse que a cruz do Senhor não foi levantada num santuário silencioso entre duas velas, mas numa via movimentada entre dois ladrões. Ele foi crucificado durante a Festa da Páscoa, quando a cidade de Jerusalém estava lotada de pessoas de muitas nações, peregrinos judeus que ali se encontravam para celebrar a festa. Soldados romanos cercavam a cruz e assim também os líderes religiosos judeus que dirigiam insultos ao Filho de Deus. Todavia, segundo o que sabemos, ninguém naquela multidão compreendeu o que estava realmente acontecendo. Eles se achavam no escuro.

Cegos em relação às Escrituras

Em primeiro lugar, estavam cegos em relação às Escrituras. Um dos sacerdotes ou um dos especialistas na lei judaica teria certamente reconhecido que o grito do Senhor era uma citação do Salmo 22.1: "Deus meu, Deus meu, por que me desamparaste?" Davi disse isso quando viu-se cercado de inimigos e sentiu-se abandonado. Contudo, guiado pelo Espírito Santo, Davi escreveu nesse salmo uma extraordinária descrição da crucificação; este tipo de morte, porém, não era uma forma judaica de execução no Antigo Testamento! Não há registro de que Davi tivesse visto alguma vez alguém pendurado numa cruz. Como, poderia ter então descrito esse quadro com tamanha nitidez?

Por ser profeta (At 2.29,30), Davi foi inspirado pelo Espírito Santo a escrever sobre os sofrimentos do Senhor na cruz. Davi descreveu as trevas e a luz no Calvário (v.2); a zombaria da multidão incrédula (vv.6-8); o sofrimento físico do Salvador, inclusive os ferimentos em suas mãos e pés (vv.14-16); a humilhação e vergonha que Ele suportou (v.17); as sortes lançadas sobre os seus trajes (v.18); e o aparente desespero da situação (vv.19-21).[1]

Treinados nas Escrituras do Antigo Testamento, os líderes religiosos judeus que ouviram o grito do Senhor deveriam ter reconhecido de onde ele viera, mas estavam cegos em relação às Escrituras. Se tivessem lido o Salmo 22, teriam certamente ficado surpresos com os paralelos entre as palavras de Davi e o que estava acontecendo a Jesus de Nazaré no monte chamado Calvário. Se tivessem investigado melhor as grandes passagens messiânicas do Antigo Testamento, especialmente Isaías 53 e Zacarias 9.9,10 e 12.10, teriam descoberto que estavam crucificando o seu Messias.

Cegos em relação ao Salvador

Eles não estavam apenas cegos em relação às Escrituras, mas também em relação ao Salvador. A profecia estava sendo cumprida diante de seus próprios olhos e, no entanto, o povo não via isso! Eles pensaram que Jesus estava chamando o profeta Elias, um homem que os judeus tinham na mais alta estima e por quem esperavam. Aguardavam que Elias voltasse e preparasse o caminho para a vinda do Messias, sem compreender que João Batista cumprira esse ministério com relação a Jesus (Mt 17.10-13; Jo 1.19-21).

Jesus não estava, entretanto, chamando por Elias, mas citando o Salmo 22.1. Se aquelas pessoas não estivessem cegas no que se refere às Escrituras, teriam reconhecido o Salmo em questão e teriam reconhecido também o seu Salvador. Como é trágico quando os homens não entendem a Palavra de Deus e tiram conclusões erradas! Satanás é muito hábil; ele cega a mente dos pecadores perdidos para que não vejam a glória de Jesus Cristo (2 Co 4.3-6)!

Por que estavam cegos em relação ao Filho de Deus? Por se recusarem a abandonar seus preconceitos teológicos e ver Jesus de Nazaré como o Filho de Deus, o Messias enviado por Deus. Ao verem nas Escrituras apenas um Rei glorioso e não um Salvador sofredor, os eruditos haviam "removido a chave do conhecimento" e cegado o povo para a verdade; Jesus Cristo é a chave para compreender os símbolos e profecias do Antigo Testamento (Lc 24.44-48). Quando você o rejeita fica "sem chave" e "sem luz". Se estivessem dispostos a obedecer à vontade dEle, seus olhos teriam sido abertos para a verdade (Jo 5.39; 7.17), mas não quiseram seguir a vontade de Deus (Mt 21.28-32).

Cegos para os seus pecados

Eles estavam cegos em relação às Escrituras, ao Salvador e aos seus próprios pecados. "Vós, porém, negastes o Santo e o Justo", disse Pedro aos líderes judeus, "e pedistes que vos concedessem um homicida. Dessarte, matastes o Autor da vida, a quem Deus ressuscitou dentre os mortos, do que nós somos testemunhas... E agora, irmãos, eu sei que o fizestes por ignorância, como também as vossas autoridades" (At 3.14,15,17).

"Enviei-lhes mensageiros a dizer: Estou fazendo grande obra, de modo que não poderei descer; por que cessaria a obra, enquanto eu a deixasse e fosse ter convosco?" (Ne 6.3).

Nada cega mais os olhos do coração do que rejeitar deliberadamente o testemunho que Deus nos dá com suas obras e suas palavras. "E, embora tivesse feito tantos sinais na sua presença, não creram nele" (Jo 12.37).

Foi por isso que Jesus advertiu o povo daqueles dias: "Enquanto tendes a luz, crede na luz, para que vos torneis filhos da luz" (Jo12.36).

A cruz de Cristo é um verdadeiro paradoxo! Ele suportou a escuridão para que tivéssemos luz. Foi desamparado para que pudéssemos ser aceitos. Foi incompreendido para que viéssemos a conhecer a verdade e ser libertados. Morreu para que pudéssemos viver.

Mas nosso Senhor não permaneceu na escuridão. Quando terminaram as três horas, Ele deu um grito de vitória — "Está consumado" — e rendeu voluntariamente o espírito ao Pai. Ele entregou sua vida pelas ovelhas.

O contista O. Henry disse quando estava morrendo: "Acendam as luzes. Não quero ir para casa no escuro". Ninguém que crê em Cristo como Salvador e Senhor vai para casa no escuro, pois "A vereda dos justos é como a luz da aurora, que vai brilhando mais e mais até ser dia perfeito". (Pv 4.18). O grito na escuridão nos mostra como Jesus teve de sofrer para que pudéssemos viver para sempre na luz.

9

"Tenho sede!"

Quando ouvimos as palavras do Senhor no Calvário, elas nos convencem de que Ele nos ama. Este amor é revelado de maneira especial na sua quinta declaração:

"Depois, vendo Jesus que tudo já estava consumado, para se cumprir a Escritura, disse: Tenho sede! Estava ali um vaso cheio de vinagre. Embeberam de vinagre uma esponja e, fixando-a num caniço de hissopo, lha chegaram à boca. Quando, pois, Jesus tomou o vinagre, disse: Está consumado! E, inclinando a cabeça, rendeu o espírito" (Jo 19.28-30).

O Senhor foi crucificado às nove horas da manhã e passou as três primeiras horas na cruz em plena luz do dia. A seguir veio a escuridão e no final desta Ele gritou: "Deus meu, Deus meu, por que me desamparaste?" (Mt 27.46). As três primeiras declarações enfocaram seus inimigos, o ladrão, João e Maria. A declaração central se concentrou no Pai. Mas, nas três últimas, o Senhor enfocou a si mesmo: seu corpo: "Tenho sede"; sua alma: "Está consumado" (veja Is 53.10); e seu espírito: "Pai, em tuas mãos entrego o meu espírito" (Lc 23.46). Corpo, alma, espírito, tudo foi oferecido pelo Senhor Jesus Cristo em total submissão à vontade do Pai.

A declaração mais curta feita pelo Senhor na cruz se encontra em João 19.28: "Tenho sede!" No texto grego, é só uma palavra de quatro letras e é a única declaração da cruz em que o Senhor se referiu às suas necessidades físicas. Esta palavra simples nos revela o coração do Senhor Jesus e nos capacita a ver o seu amor de maneira mais profunda.

A simples declaração "Tenho sede" nos ajuda a ver três retratos de Cristo: o Filho sofredor do homem, o Servo obediente de Deus e o Salvador amoroso dos pecadores.

O FILHO SOFREDOR DO HOMEM

Jesus Cristo era verdadeiramente homem. Negar a sua humanidade é roubar a si mesmo de um Salvador que tinha um corpo real e passou por experiências genuinamente humanas: nascimento, crescimento, fome, sede, cansaço, dor e morte. Os teólogos liberais negaram a divindade do Senhor, mas na primeira Igreja havia alguns que questionavam a sua humanidade. Esses falsos mestres diziam que Jesus não era realmente humano, mas só tinha aparência de homem. Esta foi uma das razões de João escrever a sua primeira epístola, confirmando o fato de que Jesus Cristo era verdadeiramente homem e verdadeiramente Deus (1 Jo 1.1-3; 4.1-3).

Jesus nasceu como um bebê. Cresceu como uma criança e chegou à juventude. Nosso Senhor era "santo, inculpável, sem mácula" (Hb 7.26), o perfeito homem-Deus que nunca pecou; mas compartilhou, sem pecado, as enfermidades da natureza humana. Ele comeu e bebeu. Cansou-se e dormiu. Sentiu dor. Chorou, sofreu, morreu. Todas essas experiências pertencem à nossa humanidade comum e Jesus provou cada uma delas.

Quando o Senhor Jesus estava na cruz, Ele sentiu as profundezas tanto físicas quanto espirituais do sofrimento.

No Calvário, ofereceram-lhe o mesmo narcótico dado aos dois ladrões. Eles aparentemente o tomaram, mas Jesus não. Recusou o vinho misturado com mirra, porque não queria que seus sentidos ficassem entorpecidos. Quando morreu na cruz, o Senhor estava no perfeito controle das suas faculdades.

Sempre que o sumo sacerdote judeu ministrava no santuário de Deus, ele era advertido para não tomar bebida forte (Lv 10.8-11). Portanto, quando Jesus se ofereceu na cruz como o supremo sacrifício pelo pecado, Ele não ingeriu bebida forte. Tinha pleno domínio de si mesmo e sentiu todas as dores associadas à crucificação e à morte. Foi o Filho sofredor do homem.

Você sabe o que isto significa para nós hoje? Significa que Jesus Cristo pode simpatizar conosco, identificar-se com nossas dores e nossas necessidades. Não estou sugerindo que seja errado aceitar anestesia quando fazemos um tratamento médico. Afinal de contas, quando Deus realizou a primeira "cirurgia" no Jardim do Éden, Ele fez Adão adormecer! Estou, porém, chamando a atenção para o fato de que o Senhor Jesus Cristo, para tornar-se nosso Sumo Sacerdote misericordioso, suportou grande sofrimento na vida e na morte a fim de melhor ministrar para nós hoje.

Em vista disto, podemos nos aproximar ousadamente do trono da graça, sabendo que Ele nos compreende e pode ajudar-nos (veja Hb 4.16). Vamos até aquEle que sentiu nossas dores e sofrimentos e sabe como nos sentimos. Ele conhece os fardos que carregamos e a dor que suportamos e pode dar-nos a graça necessária para continuar vivendo.

Onde quer que você vá, encontra pessoas sofrendo. O pastor escocês, John Watson, costumava dizer: "Seja bondoso, porque cada pessoa que você encontra está travando uma batalha". Muitos estão sofrendo dores físicas, enquanto outros sofrem dores emocionais que podem não ser tão evidentes. Quanto mais você se aproxima das pessoas, tanto mais descobre os fardos que carregam e as batalhas que travam. Quando Jesus, o Filho sofredor do homem, gritou: "Tenho sede", Ele anunciou que se identificava com cada uma das nossas necessidades.

Essa verdade me anima a orar e confiar nEle para receber a graça que preciso, a fim de continuar firme e não desistir. Ela me encoraja a orar por outros que sofrem, sabendo que eles também podem achegar-se ao trono da graça e encontrar ajuda na hora da aflição (Hb 4.14-16). Nosso Senhor passou por provações e sofrimentos para tornar-se nosso Sumo Sacerdote misericordioso e identificar-se conosco nos embates da vida.

O SERVO OBEDIENTE DE DEUS

Não nos admira a sede do Senhor Jesus, porque a crucificação é uma forma medonha de morte que provoca sede intensa. À medida que a vítima fica dependurada, exposta ao sol, os líquidos essenciais à vida vão sendo drenados do seu corpo. O Salmo 69 descreve como Jesus se sentiu quando pendurado na cruz: "Estou cansado de clamar, secou-se-me a garganta; os meus olhos desfalecem de tanto esperar por meu Deus" (v.3). Você pode ler o Salmo 69 e encontrar uma descrição do sofrimento do nosso Salvador, o Servo obediente de Deus.

Por que Jesus disse: "Tenho sede"? Segundo João 19.28, foi para que "as Escrituras fossem cumpridas". Que Escrituras? Salmo 69.21: "Por alimento me deram fel e na minha sede me deram a beber vinagre". A grande preocupação do Senhor não era tanto a sua necessidade física como a necessidade de obedecer à Palavra de Deus. Em tudo que disse e fez, Jesus obedeceu à Palavra. Ele afirmou: "Disse-lhes Jesus: A minha comida consiste em fazer a vontade daquele que me enviou e realizar a sua obra" (Jo 4.34). Nos quatro evangelhos você encontra mais de vinte vezes frases como "para que possa ser cumprida" ou "foi cumprida", porque Jesus é o Servo obediente de Deus. Ele sempre fez a vontade do Pai.

Por que Jesus nasceu em Belém e não em Jerusalém ou Nazaré? Porque o profeta Miquéias profetizou que o Messias nasceria em Belém (Mq 5.2). Por que Maria e José levaram Jesus para o Egito? Porque o profeta Oséias dissera que isso aconteceria (Os 11.1; Mt 2.15). Por que Jesus ministrou na Galiléia? Em obediência a Isaías 9.1,2 (veja Mt 4.12-17). Durante toda a sua vida e ministério, Jesus obedeceu à Palavra de Deus; de fato, Ele foi "obediente até à morte, e morte de cruz" (Fp 2.8).

A coisa mais importante na vida dos filhos de Deus é conhecer a vontade de Deus e obedecê-la, por maior que seja o custo. Devemos ser servos obedientes "fazendo de coração a vontade de Deus" (Ef 6.6). Assim como Jesus foi orientado pelo Pai por meio das Escrituras, nós também devemos fazer isso. Não se trata da Bíblia ser uma espécie de "livro mágico" que você pode abrir ao acaso e descobrir a vontade de Deus. Essa prática é superstição e não fé. Mas, quando lemos a Palavra, meditamos sobre ela e procuramos obedecer o que Deus diz, descobrimos que o Espírito nos ajuda a tomar decisões sábias e viver na vontade de Deus. Provérbios 3.5,6 é uma promessa que nunca falha.

Quando você e eu ouvimos o Senhor Jesus dizer: "Tenho sede", isso nos lembra que nós também devemos ser obedientes à Palavra de Deus.

O MISERICORDIOSO SALVADOR DOS PECADORES

Vimos dois retratos do Senhor Jesus nesta declaração: o Filho sofredor do homem e o Servo obediente de Deus. Veja agora o terceiro retrato: o misericordioso Salvador dos pecadores.

Jesus tinha sede, é certo, por causa da agonia física que experimentava. Mas Ele havia acabado de atravessar aquelas três horas de escuridão em que o sol velara a sua face, e nesse período de trevas, Ele exclamara: "Deus meu, Deus meu, por que me desamparaste?" (Mt 27.46). Nesse período o Senhor Jesus foi feito pecado por nós. Ao completar a grande troca para a nossa salvação, suportou o inferno por nós e teve sede.

O inferno é um lugar onde há sede. Em Lucas 16, o Senhor contou a história de um homem que morreu e foi para o lugar reservado aos pecadores. Nesse lugar ele teve sede. Suplicou que alguém fosse ter com ele e lhe desse água para aliviar seu sofrimento. Quando o Senhor morreu por mim na cruz, quando entrou na escuridão do inferno por mim, Ele teve sede. O inferno é um lugar de sede eterna, onde as pessoas irão ter sempre sede e nunca ficarão satisfeitas.

Note que houve vários cálices no Calvário. O cálice da caridade, quando ofereceram a Jesus o vinho misturado com mirra, um narcótico para amortecer seu sofrimento. Ele rejeitou esse cálice (veja Mc 15.23). A seguir temos o cálice da zombaria, quando os soldados na cruz o ridicularizaram e ofereceram-lhe vinho (veja Lc 23.36). Veio então o cálice da simpatia, quando alguém derramou um pouco de vinagre numa esponja e a levantou até seus lábios ressequidos (veja Jo 19.29). Porém, o cálice mais amargo de todos foi o da iniqüidade. Ele disse no Jardim: "Não beberei, porventura, o cálice que o Pai me deu?" (Jo 18.11). Ele bebeu até o fim o cálice do sofrimento merecido por nós.

Em João 2, o Senhor transformou a água em vinho. Em João 4, Jesus disse à samaritana junto ao poço de Sicar: "Afirmou-lhe Jesus: Quem beber desta água tornará a ter sede; aquele, porém, que beber da água que eu lhe der nunca mais terá sede" (Jo 4.13,14). Essa mulher estava querendo encontrar satisfação no pecado, mas o pecado jamais mata nossa sede interior; ele pode aumentar o desejo, mas reduz a satisfação.

Em João 7, na Festa dos Tabernáculos, o Senhor exclamou: "Se alguém tem sede, venha a mim e beba" (Jo 7.37). Ele estava se referindo ao incidente na vida de Moisés quando ele bateu na rocha e a água jorrou (veja Ex 17.6). Jesus morreu na cruz por nós para que pudéssemos ter a água que satisfaz para sempre a nossa sede.

Não haverá sede no céu. "Jamais terão fome, nunca mais terão sede" (Ap 7.16). O último convite da Bíblia diz: "O Espírito e a noiva dizem: Vem! Aquele que ouve, diga: Vem! Aquele que tem sede venha, e quem quiser receba de graça a água da vida" (Ap 22.17).

A pergunta hoje não é: "Você está com sede?" — porque todo ser humano tem sede da realidade, sede de Deus, sede do perdão, quer compreenda ou não isso. A verdadeira pergunta é: "Por quanto tempo você vai continuar com sede?" — Quando você confiar em Jesus Cristo como seu Salvador, nunca mais terá sede. Mas se rejeitá-lo, terá sede para sempre.

O Senhor Jesus Cristo teve sede na cruz para que nunca mais tivéssemos sede. Ele é o Filho sofredor do homem, é o Servo obediente de Deus, é o Salvador misericordioso dos pecadores. Quando você colocar a sua fé e confiança em Jesus, Ele o satisfará e você nunca mais terá sede.

10

"ESTÁ CONSUMADO!"

Não gostamos hoje de contemplar o horror da cruz; por isso nós a enfeitamos e quase a deixamos bela. Transformamos a cruz numa linda jóia ou numa de coração em um santuário de igreja, ou talvez num cemitério. Devemos lembrar, porém, que para suas vítimas desafortunadas, a crucificação significava vergonha, tortura e morte lenta e agonizante. Todavia, o Senhor Jesus foi "obediente até à morte, e morte de cruz" (Fp 2.8).

A sexta palavra que Jesus disse na cruz está registrada em João 19.30: "Quando, pois, Jesus tomou o vinagre, disse: 'Está consumado!' E inclinando a cabeça, rendeu o espírito". Quando comparamos os registros do Evangelho, descobrimos que Ele gritou em voz alta: "Está consumado!" A sexta declaração da cruz não foi o gemido de um homem derrotado, mas o grito triunfante da vitória do Filho de Deus, nosso Salvador. Aos trinta e três anos, a maioria das pessoas costuma afirmar: "É o começo". Mas, nessa mesma idade, Jesus dizia: "Está consumado!" Ele não disse: "Estou acabado". Não se tratava do lamento de uma vítima vencida pelas suas circunstâncias, mas o grito de um vencedor exterminando todos os seus adversários. Na língua grega, o significado dessas palavras é: "Está consumado, permanece consumado e estará sempre consumado".

Confesso que comecei vários projetos que nunca terminei. Em meus arquivos se encontram manuscritos de livros que nunca foram completados, e esboços de sermões que nunca se transformaram em mensagens. No entanto, sinto que se o mundo nunca ler esses livros ou ouvir esses sermões, não perderá muito. Mas, se Jesus não tivesse completado as tarefas designadas pelo Pai, o mundo inteiro permaneceria perdido! No final do seu ministério, o Senhor Jesus Cristo pôde gritar: "Está consumado!" Ele fez tudo que o Pai determinou. "Eu te glorifiquei na terra", disse Ele, "consumando a obra que me confiaste para fazer" (Jo 17.4). Por causa disto, você e eu temos a segurança da salvação eterna.

Considere comigo três fatos importantes sobre esta palavra pronunciada pelo Senhor: *"Tetelestai* — Está consumado!"

"TETELESTAI" — UM TERMO FAMILIAR

Embora esta palavra não seja conhecida de muitas pessoas no mundo contemporâneo, ela era familiar quando o Senhor ministrava na terra. Os arqueólogos descobriram diversos documentos gregos antigos que nos ajudam a compreender melhor o vocabulário bíblico, pois o Novo Testamento foi escrito na linguagem comum do povo de idioma grego da época. Quando inspirou o Novo Testamento, o Espírito Santo guiou os escritores para usarem a linguagem comum do povo dos dias de Jesus. Se você consultasse os léxicos gregos do Novo Testamento, aprenderia que as pessoas daquele período usavam o termo *tetelestai* na vida diária. Vamos encontrar-nos agora com alguns desses indivíduos.[1]

Servos

Os servos e escravos usavam esta palavra sempre que terminavam um trabalho e levavam o fato ao conhecimento de seus senhores. O servo dizia: "Tetelestai — Terminei a tarefa que me deu para fazer". — Isto significava que o serviço fora feito como o senhor determinara e na hora que estabelecera.

Jesus Cristo é o Servo santo de Deus (Fp 2.5-11). O profeta Isaías o descreveu como o Servo sofredor de Deus (Is 42.1-4; 49.1-6; 50.4-9; 52.13; 53.12). Jesus Cristo veio a esta terra como servo por ter uma obra especial a fazer. "Consumei a obra que me confiaste para fazer" (Jo 17.4). Quando os discípulos estavam discutindo sobre qual deles era o maior, Jesus censurou seu egoísmo, dizendo: "Pois, no meio de vós, eu sou como quem serve" (Lc 22.27). Ele tomou até o lugar de servo e lavou os pés deles (Jo 13.1-17), mas seu maior ato de serviço foi quando morreu por eles e por nós na cruz.

Todos iremos um dia prestar contas de nosso serviço ao Senhor. "Assim, pois, cada um de nós dará contas de si mesmo a Deus" (Rm 14.12). Espero sinceramente que eu possa dizer o que Jesus disse: "Eu te glorifiquei na terra, consumando a obra que me confiaste para fazer" (Jo 17.4). Procure descobrir qual o trabalho que Deus quer que você faça, e obedeça. Você não está sozinho, "porque Deus é quem efetua em vós tanto o querer como o realizar, segundo a sua boa vontade" (Fp 2.13). Um dia, na glória, você poderá então dizer como Jesus: "Consumei a obra que me confiaste para fazer".

Sacerdotes

Os sacerdotes gregos também usavam esta palavra. Sempre que os adoradores levavam ao templo sacrifícios dedicados ao deus ou deusa que adoravam, os sacerdotes tinham de examinar o animal para certificar-se de que era perfeito. Se o sacrifício era aceitável, o sacerdote dizia: "Tetelestai — não tem defeito". Os sacerdotes judeus seguiam um procedimento similar no templo e usavam o equivalente hebreu ou aramaico desse termo. Era importante que o sacrifício fosse perfeito.

Jesus Cristo é o sacrifício perfeito e imaculado de Deus. O Cordeiro de Deus que morreu para tirar o pecado do mundo (Jo 1.29).

Como sabemos que Cristo é um sacrifício perfeito? Deus Pai afirmou isso. Quando o Senhor Jesus foi batizado, o Pai falou do céu, dizendo: "Este é o meu Filho amado, em quem me comprazo" (Mt 3.17). Com essas palavras, Deus Pai colocou o selo da aprovação sobre Deus Filho. A seguir, Deus, o Espírito Santo, desceu como pomba e pousou em Jesus, acrescentando assim seu testemunho ao do Pai (Mt 3.16). Alguns dos líderes religiosos chamaram Jesus de glutão e bebedor de vinho (Mt 11.19), mas até os demônios admitiram que Jesus era o Filho de Deus (veja Mt 8.28,29).

Seus inimigos tiveram de admitir que Ele era irrepreensível, porque se viram obrigados a alugar mentirosos para dar falso testemunho dEle em seu julgamento. Os seguidores do Senhor, íntimos dEle, não encontraram falta em Jesus. Nenhum dos apóstolos jamais disse: "Ouvi Jesus contar uma mentira", ou "Vimos Jesus cometer um pecado". — Jesus é o Salvador perfeito, o Cordeiro de Deus "sem mancha e sem mácula" (1 Pe 1.19).

Pilatos, o governador romano, admitiu: "Não vejo neste homem crime algum" (Lc 23.4). Até o traidor Judas confessou: "Pequei, traindo sangue inocente" (Mt 27.4). Todos os que conheceram Jesus podiam dizer: "Tetelestai! — Ele é o sacrifício perfeito, impecável". Não há outro sacrifício pelo pecado que se compare. Só Jesus Cristo é perfeito, sem mancha e sem falha.

Artistas

Os servos e sacerdotes usavam este termo, assim como os artistas. Quando os artistas completavam seu trabalho, eles davam um passo para trás, olhavam para a obra, e diziam: "Tetelestai! — está pronto". Isso significava: "O quadro (ou a escultura) foi completado".

Se você desconhece Jesus Cristo, o Antigo Testamento será para você algo bem sombrio e difícil de entender. No Antigo Testamento você encontra cerimônias, profecias e símbolos que não parecem ajustar-se a um padrão lógico. O Antigo Testamento é um livro de muitas profecias não cumpridas e cerimônias não explicadas, e você não consegue a "chave" até que conheça Jesus Cristo. A não ser que o conheça, ler o Antigo Testamento é como andar numa galeria de pintura com as luzes amortecidas. Quando Jesus Cristo veio ao mundo, Ele completou o quadro e acendeu as luzes! Na sua vida, morte, ressurreição e ascensão, Jesus cumpriu os símbolos e profecias, e explicou o significado da "pintura".

A cena da noite da Páscoa, descrita em Lucas 24 ilustra esta verdade. Dois homens desanimados estão andando pela estrada de Emaús, discutindo a morte de Cristo e tentando descobrir o que ela significava. Um estranho se junta a eles e os homens lhe contam sobre as suas esperanças desfeitas e mentes confusas. (Você tem uma idéia de como seria falar a Jesus sobre a morte dEle?) Jesus lhes disse: "Ó néscios e tardos de coração para crer tudo o que os profetas disseram!" (Lc 24.25). Depois, começando com Moisés e todos os profetas, o Senhor falou sobre as Escrituras do Antigo Testamento e explicou o panorama geral. Ele acendeu as luzes. Sua obra no Calvário havia completado o quadro, de modo que o grande plano da salvação de Deus estava agora claro para todos. Por conhecerem a Jesus Cristo, os crentes de hoje podem ler o Antigo Testamento e ver o quadro maravilhoso, embora ainda haja certas dificuldades e coisas difíceis de entender. Mas a luz está brilhando e os retratos não estão mais nas sombras. Por causa da obra consumada do Senhor na cruz, podemos ver a tela completa pintada por Deus.

Mercadores

"Tetelestai" era uma palavra usada por escravos, sacerdotes e artistas, mas os mercadores também a empregavam. Para eles, o termo significava "a dívida está completamente paga". Se você comprasse algo "a prazo", quando fizesse o último pagamento o negociante lhe daria um recibo com a palavra "tetelestai", ou seja, "Quitado. O débito foi totalmente pago".

Os pecadores incrédulos têm uma dívida com Deus e não podem pagar a conta. Por terem quebrado a lei de Deus, estão falidos e impossibilitados de quitar essa dívida (veja Lc 7.36-50). Mas Jesus pagou-a quando morreu por nós na cruz. É isso que tetelestai significa: a dívida foi paga, ela permanece paga e estará paga para sempre. Quando nos aproximamos de Cristo pela fé, nossos pecados são perdoados e nosso débito é cancelado de uma vez por todas.

"TETELESTAI" — NOS LÁBIOS DE UM SALVADOR FIEL

"Tetelestai" era um termo familiar e foi pronunciado por um Salvador fiel. Ele veio para fazer a vontade do Pai e a cumpriu. Veio para comprar a nossa redenção e fez isso. Veio para realizar uma grande obra, a obra da salvação, e terminou-a. Desde o princípio da vida nesta terra até o dia em que voltou ao Pai, Jesus mostrou fidelidade em fazer o que o Pai ordenou. "Agrada-me fazer a tua vontade, ó Deus meu; dentro do meu coração, está a tua lei" (Sl 40.8; veja Hb 10.1-18).

Ele foi fiel durante toda a sua vida terrena. Aos doze anos, Jesus disse: "Não sabíeis que me cumpria estar na casa de meu Pai?" (Lc 2.49). No casamento em Caná, onde realizou o seu primeiro milagre, Jesus disse: "Ainda não é chegada a minha hora" (Jo 2.4). Ele sabia que devia cumprir o calendário divino que o levaria finalmente à cruz. Jesus disse aos discípulos: "A minha comida consiste em fazer a vontade daquele que me enviou e realizar a sua obra" (Jo 4.34). No Monte da Transfiguração, o Senhor conversou com Moisés e Elias sobre sua "partida, que ele estava para cumprir em Jerusalém" (Lc 9.31).

Certo dia Jesus declarou aos discípulos: "Tenho, porém, um batismo com o qual hei de ser batizado; e quanto me angustio até que o mesmo se realize!" (Lc 12.50). Na sua oração sacerdotal, Ele disse: "Eu te glorifiquei na terra, consumando a obra que me confiaste para fazer" (Jo 17.4). Ele pôde gritar a palavra "tetelestai" porque era um Salvador fiel que cumpriu a vontade do Pai. Jesus foi fiel apesar da oposição satânica, apesar da cegueira e desobediência dos líderes religiosos, e até apesar da estupidez e incredulidade de seus próprios discípulos. Enquanto os pecadores estavam fazendo o pior que podiam, Jesus estava dando o seu melhor. Ele fez isto porque amava o Pai e amava um mundo de pecadores perdidos. Jesus continua sendo um Servo fiel. Tendo terminado sua obra na terra, Ele está agora servindo fielmente ao seu povo no céu, como Sumo Sacerdote e Advogado (Hb 4.14-16; 1 Jo 2.1-3). Quando somos tentados, podemos ir até o seu trono e receber a graça e misericórdia que necessitamos. Se pecarmos, podemos nos achegar ao nosso Advogado celestial, confessar nossos pecados e receber perdão (1 Jo 1.9-22). Ele é fiel para livrar-nos das tentações (1 Co 10.13), fiel para perdoar-nos quando caímos, e fiel para guardar-nos até que o encontremos face a face (2 Tm 1.12; Judas 24).

"TETELESTAI" — UMA OBRA TERMINADA

Isto nos leva ao terceiro fato. "Tetelestai" era uma palavra familiar, dita por um Salvador fiel sobre uma obra consumada. Quando Ele gritou a palavra, isso significou que todas as profecias do Antigo Testamento referentes à sua obra na cruz estavam então cumpridas e terminadas. A partir de Gênesis 3.15, Deus prometera que um Salvador derrotaria Satanás. Todos os retratos de Cristo existentes nos rituais e objetos do tabernáculo, do ministério sacerdotal e do sistema sacrificial, estavam completamente terminados e cumpridos. Os símbolos e profecias do Antigo Testamento foram cumpridos. O véu do templo se rasgou em dois e o homem pôde então entrar na presença de Deus. O caminho da salvação se abrira!

"Está consumado" significa igualmente que a Lei da Antiga Aliança estava terminada. Alguns temem esta verdade, mas ela é tão bíblica quanto o nascimento virginal ou a ressurreição de Jesus. Colossenses 2.14 diz: "Tendo cancelado o escrito de dívida, que era contra nós e que constava de ordenanças, o qual nos era prejudicial, removeu-o inteiramente, encravando-o na cruz" (Cl 2.14). Não vivemos mais sob a escravidão da lei; em vez disso, vivemos na liberdade da graça de Deus (Rm 6.15). A palavra importante do Evangelho não é "faça", mas "está feito". A obra da redenção terminou.

Há alguns anos houve um evangelista excêntrico, de nome Alexander Wooton. Um homem aproximou-se dele certo dia e perguntou com tom de ironia na voz: "O que devo fazer para ser salvo?". Sabendo que o indivíduo não falava a sério sobre a salvação, Wooton respondeu: "É tarde demais, você não pode fazer mais nada!". O homem ficou alarmado e disse: "Não pode ser! O que é preciso para que eu seja salvo?" Wooton repetiu: "É tarde demais! Já está feito!" Essa é a mensagem do Evangelho: a obra da salvação está consumada. Terminou. Não podemos acrescentar nada a ela, e acrescentar algo seria tirar algo dela. Deus oferece ao mundo perdido uma obra consumada, uma salvação completa. Tudo o que o pecador tem de fazer é crer em Jesus Cristo.

O livro de Hebreus explica esta salvação totalmente concluída: "Ora, neste caso, seria necessário que ele tivesse sofrido muitas vezes desde a fundação do mundo; agora, porém, ao se cumprirem os tempos, se manifestou uma vez por todas, para aniquilar, pelo sacrifício de si mesmo, o pecado. E, assim como aos homens está ordenado morrerem uma só vez, vindo, depois disto, o juízo, assim também Cristo, tendo-se oferecido uma vez para sempre para tirar os pecados de muitos, aparecerá segunda vez, sem pecado, aos que o aguardam para a salvação" (Hb 9.26-28). "Porque é impossível que o sangue de touros e de bodes remova pecados... Jesus, porém, tendo oferecido, para sempre, um único sacrifício pelos pecados, assentou-se à destra de Deus..." (Hb 10.4,12).

A obra da salvação terminou. "Está consumada!" O Senhor morreu, foi sepultado, ressuscitou dos mortos e voltou à glória. Ele então sentou-se porque o trabalho terminara (Hb 1.3). No tabernáculo do Antigo Testamento, não havia cadeiras porque o trabalho dos sacerdotes nunca terminava. Mas Jesus Cristo sentou-se no céu porque seu trabalho tinha terminado.

Desde que a salvação é uma obra consumada, não ousamos acrescentar, remover, ou substituir nada na mesma. Só existe um meio de salvação: a fé pessoal na obra terminada do Senhor Jesus Cristo.

Quando meu Senhor morreu, Ele gritou: "Tetelestai! Está consumado!" Era uma palavra conhecida, gritada por um Salvador fiel sobre uma obra terminada.

Alguém afirmou muito bem que Jesus não deu a "entrada" no preço da salvação realizada na cruz e depois esperou que pagássemos as prestações. A salvação não é feita pelo crediário. Jesus pagou tudo, e isso significa que a redenção é uma obra consumada.

Ele foi levantado para morrer,
"Está consumado" foi o seu grito;
Ei-lo agora no céu exaltado às alturas,
Aleluia, que Salvador!

(Philip P. Bliss)

Ele é o seu Salvador? Poderá ser se você aceitar a sua obra consumada na cruz, torná-la pessoal ("Cristo morreu pelos meus pecados") e pedir a Jesus que o salve. "Todo aquele que invocar o nome do Senhor será salvo" (Jl 2.32; At 2.21; Rm 10.13).

11

Como Jesus morreu

Então, Jesus clamou em alta voz:
Pai, nas tuas mãos entrego o meu espírito!
E, dito isto, expirou.
(Lc 23.46)

Não estamos realmente preparados para viver a não ser que estejamos preparados para morrer. Muito do que acontece neste mundo faz parte de uma batalha contínua contra a morte, mas esta sempre vence no final. A morte é um encontro marcado e não um acidente. Só Deus sabe o dia e a hora em que nossa vida vai findar. Essa a razão da maravilha de ser cristão e conhecer Jesus como seu Salvador, porque o cristão não precisa ter medo da morte. A sétima declaração de Jesus na cruz nos fala sobre a morte e como Ele morreu.

Quatro características da sua morte deveriam encorajar-nos e remover qualquer medo de morrer que possa estar à espreita em nosso coração.

ELE REALMENTE MORREU

Em primeiro lugar, Ele realmente morreu. Sua morte não foi uma ilusão; Ele morreu de verdade. O Senhor Jesus tinha um corpo humano real e experimentou, sem pecado, todas as enfermidades da natureza humana. Sabia como era crescer, comer, beber, dormir, sentir dor. O Senhor Jesus sabia também o que era experimentar o verdadeiro sofrimento e morrer realmente.

O apóstolo João registrou que os oficiais romanos verificaram cuidadosamente para ter certeza da morte de Jesus (veja Jo 19.33). Os soldados quebraram as pernas dos dois ladrões para apressar a morte deles, mas não quebraram as do Senhor. Eles sabiam que já estava morto.

Quando José e Nicodemos pediram a Pilatos a guarda do corpo de Jesus, Pilatos se espantou ao saber que Ele já tinha morrido (Mc 15.44). A evidência oficial do império romano era que Jesus morrera realmente numa cruz fora da cidade de Jerusalém. Ele não pareceu morrer só para fingir uma "ressurreição" três dias mais tarde. Não, Cristo morreu realmente numa cruz romana real, e fez isso pelos pecadores.

A evidência dos escritores do Evangelho é que Jesus verdadeiramente morreu. Ele não desmaiou na cruz e depois reviveu ao ser colocado num túmulo arejado. O Senhor Jesus Cristo morreu mesmo; Ele provou a morte por todo pecador. Jesus enfrentou o último inimigo — a morte — e derrotou-o!

Na Bíblia, a palavra "morte" é aplicada bem pouco aos crentes; para eles, a morte é chamada de "adormecer". Os cristãos que morrem são os que "dormem em Jesus" (1 Ts 4.14). Quando Jesus morreu, não se tratava de sono, mas de morte. Ele provou a experiência da morte por inteiro. Confrontou o último inimigo com seu acompanhamento de tristeza, dor e finalidade solene. Pelo fato dEle ter morrido em nosso lugar, não temos de temer a morte, quando quer que ela venha. "Ó morte, onde está o teu aguilhão?" (1 Co 15.55; veja Os 13.14).

Como devemos ser gratos ao Senhor por ter atravessado o vale da morte por nós! Quer a morte venha lenta ou subitamente, sabemos que Ele está conosco e compreende as nossas necessidades. "Ainda que eu ande pelo vale da sombra da morte, não temerei mal nenhum, porque tu estás comigo; a tua vara e o teu cajado me consolam" (Sl 23.4).

ELE MORREU CONFIANTE

Jesus não só morreu, como também morreu confiante. Ele disse: "Pai, nas tuas mãos entrego o meu espírito" (Lc 23.46). Quais as fontes da confiança do Senhor ao morrer?

A presença do Pai

Jesus morreu confiante porque tinha a presença do Pai. Ele disse: "Pai", por estar em comunhão com o Pai quando a obra da cruz terminou. Seu grito naquele momento não foi: "Deus meu! Deus meu!" pois as trevas da separação já haviam desaparecido. Quão maravilhoso é poder olhar para o Pai quando vier a sua hora de deixar esta vida!

Jesus dirigiu-se a Deus três vezes quando estava na cruz. A primeira declaração na cruz foi: "Pai, perdoa-lhes porque não sabem o que fazem" (Lc 23.34). A quarta palavra foi: "Deus meu, Deus meu, por que me desamparaste?" (Mt 27.46). Sua sétima frase foi: "Pai, nas tuas mãos entrego o meu espírito" (Lc 23.46). No início, no meio e no fim da sua provação, o Senhor dirigiu-se ao Pai.

Vale a pena notar que a palavra "Pai" estava freqüentemente nos lábios do Senhor. Quando tinha doze anos, Ele disse: "Não sabíeis que me cumpria estar na casa de meu Pai?" (Lc 2.49). No Sermão do Monte, ele usou a palavra "Pai" mais de quinze vezes. No discurso e oração no cenáculo (Jo 13-17), o Senhor menciona o Pai cinqüenta e três vezes. Esta é uma razão pela qual morreu confiante: Ele tinha a segurança da presença do Pai.

A promessa do Pai

Ele morreu confiante por causa da promessa do Pai. A última declaração do Senhor feita na cruz foi uma citação do Salmo 31.5: "Nas tuas mãos, entrego o meu espírito; tu me remiste, Senhor, Deus da verdade" (Sl 31.5). Este versículo era uma oração que os meninos e meninas judeus usavam na hora de dormir. O Salmo 31.5 é uma promessa do Antigo Testamento, e Jesus a aplicou a si mesmo. Mas Ele mudou a citação, acrescentando uma palavra e descartando uma frase. Ele é o autor da Palavra e tem este privilégio. Ele acrescentou a palavra "Pai", mas omitiu a frase "Tu me remiste, Senhor, Deus da verdade". Jesus nunca pecou, não havendo, portanto, necessidade de ser remido.[1] Quando Ele morreu, o Senhor clamou a promessa de Deus e se confiou ao Pai. Essa é a única maneira segura de morrer.

As três orações feitas da cruz estão ligadas às Escrituras. Quando Jesus orou, "Pai, perdoa-lhes, porque não sabem o que fazem" (Lc 23.34), Ele estava cumprindo Isaías 53.12: "pelos transgressores intercedeu". Quando gritou, "Deus meu, Deus meu, por que me desamparaste?" (Mt 27.46), estava citando o Salmo 22.1. Quando disse: "Pai, nas tuas mãos entrego o meu espírito" (Lc 23.46), citou o Salmo 31.5. O Senhor Jesus vivia pela Palavra de Deus. Se você vive pela Palavra de Deus, pode morrer pela Palavra de Deus. Que segurança tem de que irá sentir confiança na hora da morte? A única segurança que temos é a Palavra de Deus. Ele morreu confiante na presença e na promessa do Pai.

A proteção do Pai

Terceiro, Ele tinha a proteção do Pai. "Em tuas mãos, entrego o meu espírito" (Lc 23.46). O Senhor ficou muitas horas nas mãos de pecadores. No Jardim de Getsêmani, Ele disse aos discípulos: "O Filho do homem está sendo entregue nas mãos de pecadores" (Mt 26.45), e as mãos dos pecadores o agarraram e prenderam. Bateram nEle. Despiram-no. Colocaram uma coroa de espinhos em sua cabeça. O pregaram na cruz.

Quando chegou ao término da sua grandiosa obra, Jesus Cristo já não estava mais nas mãos dos pecadores. Ele morreu confiante porque estava nas mãos do Pai. O Pai não o entregou ao inimigo (Sl 31.8). O Salmo 31.15 diz: "Nas tuas mãos estão os meus dias; livra-me das mãos dos meus inimigos e dos meus perseguidores". O lugar mais seguro do mundo é nas mãos do Pai.

ELE MORREU VOLUNTARIAMENTE

Em um certo sentido, o Senhor foi morto pelos executores romanos. Pedro disse: "Vós o matastes, crucificando-o por mãos de iníquos" (Atos 2.23). Mas, em outro sentido, Ele não foi morto, pois entregou voluntariamente sua vida. Jesus disse: "Por isso, o Pai me ama, porque eu dou a minha vida para a reassumir. Ninguém a tira de mim; pelo contrário, eu espontaneamente a dou. Tenho autoridade para a entregar e também para reavê-la. Este mandato recebi de meu Pai" (Jo 10.17,18). O Senhor morreu voluntariamente, o Pastor entregando a vida pelas ovelhas.

Que coisa surpreendente! Ninguém morria de boa vontade nos sacrifícios do Antigo Testamento. Nenhum cordeiro, bode ou ovelha jamais rendeu espontaneamente a sua vida. Mas Jesus fez isso por nós. É maravilhoso poder afirmar: "Pai, em tuas mãos entrego o meu espírito".

Antes de entregar sua vida, Jesus perdoou os inimigos. Deu salvação a um ladrão arrependido. Cuidou de sua mãe. Terminou a obra que Deus lhe dera para fazer. Você e eu não sabemos por quanto tempo Deus nos permitirá viver. Cada dia, cada minuto que temos, é um dom da sua graça. Mas hoje devemos seguir o exemplo de Cristo e perdoar nossos inimigos, pois é possível que venhamos a morrer ainda hoje. Não queremos encontrar o Senhor tendo alguma coisa contra quem quer que seja no coração. Queremos chegar à hora da nossa morte havendo compartilhado com outros a salvação. Queremos ser fiéis em cuidar daqueles que dependem de nós. Queremos chegar ao fim da vida e nos entregar de boa vontade a Deus, tendo terminado a obra que o Senhor nos deu para fazer.

ELE MORREU VITORIOSO

E finalmente, Ele morreu vitorioso. Jesus gritou: "Pai, em tuas mãos entrego o meu espírito" (Lc 23.46). O Senhor Jesus Cristo realizou a obra que Deus lhe deu para fazer, e quando rendeu o espírito, vários milagres aconteceram. O véu do templo se rasgou de alto a baixo e Deus abriu o caminho para o Santo dos Santos (veja Mt 27.51). Sepulturas foram abertas e alguns dos santos ressuscitaram (Mt 27.52). Jesus Cristo venceu o pecado (o véu que se rasgou) e a morte (as sepulturas abertas).

Quando Jesus morreu, um terremoto sacudiu a área (Mt 27.51), lembrando-nos do tremor no Monte Sinai quando Deus desceu e entregou a Lei a Israel (veja Êx 19.18). Mas o terremoto no Calvário não anunciou o terror da lei e, sim, o cumprimento da lei! O Senhor Jesus Cristo morreu vitoriosamente, vencendo o pecado e a morte e cumprindo a lei! Por meio dEle, temos a vitória sobre o pecado, a morte e a lei. "O aguilhão da morte é o pecado, e a força do pecado é a lei. Graças a Deus, que nos dá a vitória por intermédio de nosso Senhor Jesus Cristo" (1 Co 15.56,57).

Toda bênção espiritual recebida vem mediante a obra redentora de Cristo na cruz. Toda vitória da fé se deve à morte de Jesus Cristo na cruz por nós. Vencemos Satanás pelo sangue do Cordeiro (Ap 12.11). Entramos na presença de Deus para adorar e orar porque Jesus rasgou o véu quando sua carne foi rasgada na cruz (Hb 10.19-22). Por termos sido identificados com Cristo em sua morte, sepultamento e ressurreição, podemos vencer a carne e andar em novidade de vida (Rm 6). O mundo e o diabo são inimigos derrotados porque Jesus foi levantado para morrer na cruz (Jo 12.31,32). Nossos três grandes inimigos — o mundo, a carne e o diabo — não têm poder diante da cruz de Jesus Cristo.

A não ser que Jesus Cristo volte para levar seu povo para o céu, cada crente irá morrer um dia. As pessoas morrem como viveram. Os que viveram em pecado morrerão neles (Jo 8.21). Os que viveram em Cristo, morrerão em Cristo, salvos nas mãos do Pai e indo para a casa do Pai (Jo 14.1-6). Jesus disse: "As minhas ovelhas ouvem a minha voz; eu as conheço, e elas me seguem. Eu lhes dou a vida eterna; jamais perecerão, e ninguém as arrebatará da minha mão" (Jo 10.27,28).

Como é maravilhoso morrer com confiança e segurança, podendo dizer: "Pai, em tuas mãos entrego o meu espírito"! Esta é a herança dos filhos de Deus.

QUARTA PARTE

COMO OS CRENTES DEVEM VIVER PELA CRUZ

12

A CRUZ FAZ A DIFERENÇA

A cruz de Jesus Cristo é muito mais do que um símbolo da fé cristã; ela é o segredo da vida cristã. O que foi antes um objeto de vergonha e desprezo no mundo romano, tornou-se uma fontc de bênção e glória para os que confiaram em Cristo e nasceram de novo. Paulo pôde então escrever: "Mas longe esteja de mim gloriar-me, senão na cruz de nosso Senhor Jesus Cristo, pela qual o mundo está crucificado para mim, e eu, para o mundo" (Gl 6.14).

É a cruz que faz a diferença. Uma vez que você tenha sido identificado com a cruz de Jesus Cristo e compreenda algumas das realizações da sua morte e ressurreição, nunca mais será o mesmo. "Cristo morreu por nossos pecados" (Cl 15.3) é uma declaração tão simples que uma criança pode crer nela e ser salva, mas tão profunda que o teólogo jamais chega a compreendê-la plenamente.

LIBERDADE

Para o povo de Deus, a cruz significa liberdade. "No qual temos a redenção, pelo seu sangue" (Ef 1.7). Antes éramos escravos do pecado, mas por sua morte fomos libertos para nos tornarmos servos obedientes de Jesus Cristo. "Como viveremos ainda no pecado, nós os que para ele morremos?" (Rm 6.2), pergunta Paulo. Ele mesmo nos dá a resposta: "Agora, porém, libertados do pecado, transformados em servos de Deus, tendes o vosso fruto para a santificação e, por fim, a vida eterna" (Rm 6.22).

O tema de Romanos 4 e 5 é substituição, a bendita verdade de que Cristo tomou o nosso lugar e morreu por nós na cruz. Ele "me amou e a si mesmo se entregou por mim" (Gl 2.20). Mas sua obra na cruz ultrapassa a substituição, por mais maravilhosa que esta seja. Ela envolve também a identificação, que é o tema de Romanos 6. Cristo não só morreu por nós, como também nós morremos com Ele e podemos dizer pela fé: "Estou crucificado com Cristo" (Gl 2.19).

Se você é filho de Deus, foi então identificado com Cristo em sua morte, sepultamento, ressurreição e ascensão. Quando Ele morreu, você também morreu e foi sepultado com Ele. Quando ressuscitou, você também ressuscitou, deixando a velha vida na sepultura e andando "em novidade de vida" (Rm 6.1-10). Quando Ele subiu ao céu, você igualmente subiu para sentar-se com Ele no trono da glória (Ef 2.4-7). Quando Ele voltar, você aparecerá com Ele em glória (Cl 3.3). Do começo ao fim, você está identificado com Jesus em toda vitória que Ele tenha conquistado e em cada bênção que tenha recebido.

É claro que esses esplêndidos privilégios trazem consigo grandes responsabilidades, a primeira das quais é apresentar-nos a Cristo em total rendição a Ele. "Oferecei-vos a Deus, como ressurrectos dentre os mortos, e os vossos membros, a Deus, como instrumentos de justiça" (Rm 6.13). Por termos morrido com Cristo, devemos agora reconhecer-nos como mortos para a velha vida e vivos na nova vida. "No sentido de que, quanto ao trato passado, vos despojeis do velho homem, que se corrompe segundo as concupiscências do engano, e vos renoveis no espírito do vosso entendimento, e vos revistais do novo homem, criado segundo Deus, em justiça e retidão procedentes da verdade" (Ef 4.22-24).

"Reconhecer" significa simplesmente aceitar como verdade o que a Bíblia diz que Jesus fez por mim e agir de acordo com isso. Suponhamos que um amigo rico me dê um cheque de mil reais. Se eu acreditar que ele tem esse dinheiro no banco, provo a minha fé endossando o cheque e colocando o dinheiro em minha conta. Isso é reconhecer: agir com base no que Deus diz que é verdade sobre mim em Jesus Cristo. É reivindicar para mim tudo o que Deus diz que Cristo fez a meu favor, e agir nessa conformidade.

Em seu livro *A Vida Cristã Normal (The Normal Christian Life)*, Watchman Nee nos lembra que havia três cruzes no Calvário, pois dois criminosos foram crucificados junto com o Senhor. Mas como sabemos que esses dois criminosos foram crucificados no Gólgota? A resposta é simples: a Palavra de Deus nos conta. Essa mesma Palavra também diz que *nós* fomos crucificados com Cristo quando Ele morreu na cruz! Se cremos na primeira afirmação, por que não podemos crer na segunda e agir de acordo?

Jesus Cristo nos ressuscitou dos mortos (Ef 2.1-7) e sepultou a velha vida para sempre. Quando Jesus ressuscitou Lázaro dos mortos, ele ordenou: "Desatai-o, e deixai-o ir" (Jo 11.44). Lázaro estava amarrado e eles então o libertaram. Ele se achava envolto em uma mortalha pútrida que cheirava a morte, mas foi purificado e recebeu novos trajes. Por quê? Por que agora estava vivo e não precisava mais da mortalha. Ele deixou a tumba e se juntou aos vivos. Em seguida, Lázaro foi sentar-se com Cristo e passou a dar testemunho do seu poder salvador (Jo 12.2,9-11). Lázaro tinha agora liberdade para andar em novidade de vida por causa de Jesus Cristo.

FOCO

Se nos identificarmos com Cristo em sua vitória no Calvário, nossos corações e mentes terão nova direção ao se concentrarem nas coisas do céu. "Portanto, se fostes ressuscitados juntamente com

Cristo, buscai as coisas lá do alto, onde Cristo vive, assentado à direita de Deus. Pensai nas coisas lá do alto, não nas que são aqui da terra; porque morrestes, e a vossa vida está oculta juntamente com Cristo, em Deus" (Cl 3.1-3).

Não é possível imaginar Lázaro querendo voltar ao túmulo todos os dias, para viver como morto! O filho da viúva de Naim com certeza não continuou em sua mortalha, nem guardou o caixão no qual os homens o haviam transportado, e também não reuniu os pranteadores para repetir o funeral. Os vivos se concentram na vida, e a vida do cristão está "oculta juntamente com Cristo em Deus" (Cl 3.3). Nossa atenção, afeto e ambição estão centrados em Cristo "que é a nossa vida".

Quando um homem ou mulher se apaixonam e planejam casar-se, toda a sua perspectiva de vida muda radicalmente. Os pronomes mudam de "meu" para "seu" e de "seu" para "nosso", as decisões que cada um toma passam também a envolver o outro. A maneira como gastam seu tempo e dinheiro, seus planos, as atividades em que se envolvem, são todos governados por uma só coisa: vamos nos casar! Depois de se tornarem marido e mulher, continuam mantendo o mesmo foco. Pelo fato de se amarem e pertencerem um ao outro, suas vidas estão ligadas e não podem conceber um sem o outro.

O mesmo acontece com o crente e o Salvador. Cristo está em nós e nós nEle por meio do Espírito Santo. Não podemos imaginar fazer planos ou tomar providências sem considerar a sua vontade. Quando andamos com Cristo, nos tornamos tão unidos a Ele que sentimos intuitivamente o que irá agradá-lo e o que irá entristecê-lo. Procuramos então fazer só o que possa agradá-lo.

A cruz faz realmente diferença entre a escravidão à velha vida e a liberdade na nova vida, mas esta liberdade é a liberdade da obediência. "E ele morreu por todos, para que os que vivem não vivam mais para si mesmos, mas para aquele que por eles morreu e ressuscitou" (2 Co 5.15). É a liberdade da filiação, de ser motivado pelo amor e não pela lei. "Pois o amor de Cristo nos constrange..." (2 Co 5.14).

Quando os filhos de Deus desobedecem deliberadamente à vontade do Pai, eles não só se rebelem e cometem pecado (1 Jo 3.4-7), como também ferem o coração de Deus. Trata-se de muito mais do que cidadãos transgredindo a lei real; são filhos partindo o coração do Pai celeste. Jesus foi "obediente até à morte, e morte de cruz" (Fp 2.8), sendo então inconcebível que nos acheguemos à cruz, transformemos a liberdade em licença e desobedeçamos voluntariamente à sua Palavra. "Porque vós, irmãos, fostes chamados à liberdade; porém não useis da liberdade para dar ocasião à carne; sede, antes, servos uns dos outros, pelo amor" (Gl 5.13).

VALORES

O crente dedicado mede tudo na vida pela cruz. A glória do mundo e toda oferta brilhante que ele faz se transformam em ouropel à luz da cruz. Isaac Watts se expressou muito bem quando escreveu:

Quando contemplo a prodigiosa cruz,
Onde morreu o príncipe da glória,
Meu maior lucro conto como perda,
E desprezo todo o meu orgulho.
Não permita, Senhor, que me vanglorie,
A não ser na morte de Cristo meu Deus;
Todas as coisas vãs que tanto me atraem,
Eu as sacrifico ao seu sangue.

Quando medido pela cruz, sacrifício algum que façamos é grande demais, nenhum sofrimento é demasiado insuportável, nenhum fardo é excessivamente pesado, e nenhuma tarefa recebida de Deus difícil demais. A glória da cruz reduz a glória humana à sua verdadeira importância e transforma o orgulho do homem em um simples sopro de vento.

As ambições carnais e as realizações do mundo que rejeitam a Cristo se tornam apenas lixo aos pés da cruz. "Aquilo que é elevado entre homens é abominação diante de Deus" (Lc 16.15).

Pedro aconselhou o Senhor a não ir para a cruz (Mt 16.21-23), e a multidão lhe disse para descer da cruz (Mt 27.40-44). O Senhor resistiu a ambas as tentações e nós também devemos fazê-lo. "Se alguém quer vir após mim, a si mesmo se negue, tome a sua cruz e siga-me" (Mt 16.24).

Deve Jesus carregar sozinho a cruz,
E o mundo todo ficar livre dela?
Não, há uma cruz para cada um,
E há uma cruz para mim.

Ao referir-se à experiência de Simão, de Cirene, que carregou a cruz do Senhor (Mt 27.32), Thomas Shepherd escreveu estas linhas originais:

Deve Simão carregar sozinho a cruz,
E os outros santos ficarem livres?
Cada santo irá encontrar a sua,
E há uma para mim.

Carregar a cruz não é uma metáfora para a experiência das dificuldades normais da vida, tais como viver e trabalhar com pessoas desagradáveis ou ter de enfrentar circunstâncias difíceis. Até os não salvos têm de fazer isso. Carregar diariamente a sua cruz significa ser identificado com Cristo na sua vergonha, sofrimento e morte; ser tratado do modo como Ele foi tratado porque obedecemos a Deus como Ele fez; morrer para si mesmo e viver pela fé, para que a vontade de Deus seja cumprida na terra.

Mas, quando carregamos a cruz, salvamos a nossa vida. "Porquanto, quem quiser salvar a sua vida perdê-la-á; e quem perder a vida por minha causa achá-la-á" (Mt 16.25). Uma vida sem cruz é uma vida desperdiçada. Não importa quanta alegria tenhamos ou quais sejam as nossas realizações: sem a cruz nossa vida terá sido improdutiva e vã. "Em verdade, em verdade vos digo: se o grão de trigo, caindo na terra, não morrer, fica ele só; mas, se morrer, produz muito fruto. Quem ama a sua vida perde-a; mas aquele que odeia a sua vida neste mundo preservá-la-á para a vida eterna" (Jo 12.24,25).

Imagine chegar ao fim da vida, olhar para trás e descobrir que todos esses anos foram perdidos! E você não terá oportunidade de vivê-los novamente! Você obteve o que queria do mundo, mas desperdiçou sua vida e ela agora terminou. Paradoxalmente, carregar a cruz de Cristo envolve morte e vida, perda e lucro, sofrimento e glória. A semente é plantada na terra e morre, mas ela produz beleza e fruto. Jim Elliot expressou isso perfeitamente a 28 de outubro de 1940, quando escreveu em seu diário: "É sábio aquele que dá o que não pode guardar para obter o que não pode perder".

PERSISTÊNCIA

Jesus suportou a cruz por causa da "alegria que lhe estava proposta" (Hb 12.2), a alegria de voltar ao Pai no céu (Jo 17.3) e de apresentar um dia sua Igreja diante do trono de Deus em glória (Jo 17.24; Jd 24). Ele conseguiu suportar o presente por ter certeza do futuro.

Paulo tinha uma opinião similar sobre a vida cristã. "Mesmo que o nosso homem exterior se corrompa, contudo, o nosso homem interior se renova de dia em dia. Porque a nossa leve e momentânea tribulação produz para nós eterno peso de glória, acima de toda comparação" (2 Co 4.16,17). "Porque para mim tenho por certo que os sofrimentos do tempo presente não podem ser comparados com a glória a ser revelada em nós" (Rm 8.18).

Pedro também tinha a mesma filosofia de vida. "Nisso exultais, embora, no presente, por breve tempo, se necessário, sejais contristados por várias provações, para que, uma vez confirmado o valor da vossa fé, muito mais preciosa do que o ouro perecível, mesmo apurado por fogo, redunde em louvor, glória e honra na revelação de Jesus Cristo" (1 Pe 1.6,7). Pedro resistira à cruz por pensar que esse sofrimento tão vergonhoso estava abaixo da dignidade do Salvador, mas soube então que a cruz era a porta para a glória de Cristo.

Uma coisa é usar uma cruz pendurada numa corrente de ouro ou presa na lapela, mas outra bem diferente é suportar a cruz e seguir Jesus na sua vergonha, sofrimento e morte. "Se alguém me serve, siga-me, e onde eu estou, ali estará também o meu servo. E, se alguém me servir, o Pai o honrará" (Jo 12.26). Paulo chamou isto de "comunhão com os sofrimentos" de Cristo (Fp 3.10).

Vamos até a cruz pela fé, para encontrar salvação eterna, e carregamos a cruz pela fé, para experimentar santificação e satisfação diárias. Morremos para o que está fora da vontade de Deus para podermos gozar de tudo que está na sua vontade, e não achamos que o nosso sacrifício seja muito grande, pelo menos não quando comparado ao que Jesus fez por nós.

Quando os cristãos carregam realmente a cruz, descobrimos que não nos preocupamos com o que o mundo oferece de prazer e sucesso, mas nos importa grandemente a necessidade que o mundo tem de um Salvador. Não temos tempo para discutir com os santos quem é o maior na igreja, porque estamos totalmente envolvidos pela glória de Cristo para nos distrairmos com os louvores humanos. Nossas prioridades são adoração e serviço, testemunho e sacrifício, tudo para a glória de Deus. Não nos importamos com o que Demas possa nos oferecer neste mundo presente (2 Tm 4.10), porque não temos desejo de nos juntar a ele.

Os embaraçosos problemas existentes entre o povo de Deus nas igrejas seriam rapidamente resolvidos se todos carregássemos a nossa cruz. Paulo escreveu aos santos "maduros" nas assembléias romanas, que estavam desprezando seus irmãos excessivamente escrupulosos: "Por causa da tua comida não faças perecer aquele a favor de quem Cristo morreu" (Rm 14.15), e perguntou aos coríntios competitivos e divisivos: "Foi Paulo crucificado em favor de vós?" (1 Co 1.13).

Os santos das igrejas da Galácia estavam se "devorando" entre si, Paulo lembrou-os então de se gloriarem na cruz e não em seu desempenho religioso (Gl 6.11-15). Ele advertiu os maridos cristãos em Éfeso para amarem suas mulheres "como também Cristo amou a igreja e a si mesmo se entregou por ela" (Ef 5.25). Quando escreveu aos filipenses sobre os crentes mundanos em seu meio, ele chorou, chamando-os de "inimigos da cruz de Cristo" (Fp 3.18). O apóstolo disse aos crentes de Colossos, enamorados dos rituais religiosos judeus, que a lei fora removida ao ser pregada por Jesus na cruz (Cl

2.14).

Em suma, não existe problema pessoal ou doutrinário que não possa ser resolvido se o levarmos ao Calvário. As divisões e disputas constrangedoras entre os cristãos professos hoje talvez sejam devidas ao fato de a cruz de Jesus Cristo não predominar mais em nossa adoração, teologia ou andar diário.

PROGRESSO

Samuel Rutherford, um santo que sofreu muito pela causa de Cristo, escreveu que a cruz "é tão pesada quanto as velas o são para o navio ou as asas para o pássaro". Nesta declaração, ele não estava negando o sofrimento ou o preço do discipulado fiel, porque Rutherford suportou coisas demais para promover esse tipo de ilusão. Pelo contrário, ele estava afirmando o que os santos de Deus sempre afirmaram, que carregar a cruz é apenas um meio certo de progredir na vida cristã.

Um santo moderno, F. J. Hegel, escreveu: "A Cruz não leva à passividade. Ela não crucifica qualquer talento. Pelo contrário, liberta poderes que jamais sonhamos possuir. Somos lançados repetidamente no molde da cruz — sendo assemlhados à morte de Cristo".[1]

"Não existem pessoas coroadas no céu que não tenham carregado a cruz aqui em baixo", disse Charles Haddon Spurgeon. Esta é novamente uma citação de Isaac Watts:

Gotas de sofrimento jamais poderão pagar
O meu débito de amor;
Eis-me aqui, Senhor, entrego minha vida
— É tudo que me cabe fazer.

NOTAS

Capítulo 1

1. Weatherhead, Leslie. *The Will of God*, Nashville: Abingdon-Cokesbury Press, 1944, p. 12.

2. Em termos gramaticais, o texto grego permite que a frase "desde a criação do mundo" seja aplicada tanto para "não foram escritos" quanto para "que foi morto". A maioria dos comentaristas aplica a mesma à segunda frase.

Capítulo 2

1. Minhas declarações sobre esses dois bairros são generalizações. Havia, certamente, pessoas vulgares vivendo entre a multidão culta na "Costa do Ouro" e indivíduos cultos morando na "Cidade Velha". Toda grande cidade tem esses bairros típicos.

Capítulo 4

1. Price, Lucien, ed., *Dialogues of Alfred North Whitehead*, Boston: Little, Brown and Co., 1954, p. 277.

2. Lewis, C.S., *Christian Behavi*, Nova York: Macmillan, 1946, p. 55.

3. *Metropolitan Tabernacle Pulpit*, vol. 22, p. 599.

Capítulo 8

1. Note que Davi escreveu também sobre a ressurreição do Senhor nos versículos 22-31. Veja Hebreus 2.10-12.

Capítulo 10

1. A sugestão para esta abordagem se baseia em *A Handful of Stars* de F.W. Boreham, Judson Press, 1950, p. 104.

Capítulo 11

1. É claro que esta "redenção" poderia ser aplicada à sua ressurreição dentre os mortos. Quando Davi escreveu o Salmo 31, ele estava preocupado em ser remido dos inimigos.

Capítulo 12

1. Hegel, F.J., *The Cross of Christ æ The Throne of God*, Minneapolis: Bethany Fellowship, 1965, p. 141.